哲学社会学讲义

关于近现代德国政治与社会的一项研究

李哲罕 著

浙江工商大學出版社
ZHEJIANG GONGSHANG UNIVERSITY PRESS
·杭州·

图书在版编目(CIP)数据

哲学社会学讲义:关于近现代德国政治与社会的一项研究 / 李哲罕著. — 杭州:浙江工商大学出版社,2020.10

ISBN 978-7-5178-4143-2

Ⅰ.①哲… Ⅱ.①李… Ⅲ.①社会哲学—研究—德国—近现代 Ⅳ.①B516

中国版本图书馆 CIP 数据核字(2020)第 197706 号

哲学社会学讲义:关于近现代德国政治与社会的一项研究

ZHEXUE SHEHUIXUE JIANGYI: GUANYU JINXIANDAI DEGUO ZHENGZHI YU SHEHUI DE YIXIANG YANJIU

李哲罕 著

策划编辑 沈 娴
责任编辑 孟令远 沈 娴
责任校对 穆静雯
封面设计 观止堂_未 氓
责任印制 包建辉
出版发行 浙江工商大学出版社
(杭州市教工路 198 号 邮政编码 310012)
(E-mail:zjgsupress@163.com)
(网址:http://www.zjgsupress.com)
电话:0571-88904980,88831806(传真)
排 版 杭州朝曦图文设计有限公司
印 刷 浙江海虹彩色印务有限公司
开 本 889mm×1194mm 1/32
印 张 6.5
字 数 110 千
版 印 次 2020 年 10 月第 1 版 2020 年 10 月第 1 次印刷
书 号 ISBN 978-7-5178-4143-2
定 价 48.00 元

德国历史的持续性和间断性是它区别于其他国家历史的一个显著特征。

——沃尔夫·勒佩尼斯

德国与西方之间的鸿沟将是历史学家永恒的重要话题。

——哈约·霍尔鲍恩

德国不是西方的一部分。然而，德国将永远离不开西方。

——格雷戈尔·舍尔根

没有人可以自外于其所继承的历史。

——威利·勃兰特

目录

第一章

引　论

在进入正式的讨论之前，笔者要指出正如本书副标题“关于近现代德国政治与社会的一项研究”所写明的，这本书是一项关于近现代德国政治与社会问题的研究，那么，这里自然而然就会产生一系列需要进行界定和解释的问题，诸如“近现代德国在时空上要如何加以限定?”和“近现代德国政治与社会问题是什么?”等。若要更进一步地深究，就会有更多问题需要阐释，诸如“为什么要选择近现代德国政治与社会问题作为研究对象?”“这项研究和既有的同类研究又有何差异?”等。这些问题其实是相互关联的。

这里首先产生的一个问题就是“何为近现代德国?”。这需要从时间和空间两个方面来加以限定和解释。

历史不能仅仅以“过去发生过的事情”这一狭义

的定义来理解，它实为一个具有持续性、断裂性和发展性的事物。正如德国作家君特·格拉斯（Günter Grass）在文学创作上所强调的“过去现在未来时”（Ver-gegen-kunft）中“过去—现在—未来”总是密不可分地交织在一起的。各种史学理论都存在一些主观解释的内容掺杂其中，差别只是程度的多少而已。尤其在建构主义史学看来，历史并非客观事实的堆积，而是一种经过加工的“后真理”。在研究中，历史时期、历史事件、历史人物共同构成了考察社会政治问题的形成、内容和影响等的参照坐标。如果不对历史中的重大事件和重大时期做出适当的前后延伸，将不能完备和整全地理解这些点和线段本身及其成因和后续影响。在对近现代德国进行考察时，不得不时常回溯至 1871 年德意志第二帝国建立时期、1848 年法兰克福资产阶级大革命时期、19 世纪初反拿破仑战争时期，甚至是 16 世纪前期马丁·路德宗教改革运动时期，更为极端的情况下甚至需要回溯至恺撒和塔西佗最早用文字记述日耳曼人的古罗马时期；同时也不得不时常向后将时间范围延伸至纳粹德国时期、第二次世界大战后两德分立到统一时期，甚至是当下。由此会和当代非常著名的德国历史学家于尔根·奥斯特哈默（Jürgen Osterhammel）的观点产生强烈的共鸣：“我们不应片面和幼稚地去寻找历史转折和变革的时间点。相对于某个国家或某个大陆的历史演变，要把世界历史分割成精确到年份的时间切片，其难度之大是显而易见的。每个历史时代的分界点，是无法通过对时代客观'特性'的深刻认知来加以辨识的。只有将无数精细的时间框架叠放在一起，这些年代的分界点才会逐渐显露。在某种意义上，历史年代的分界点正是这些细小的分界线层层叠放而变成的一道道粗线，或者换一种说法，是变化所出现的频率的密集化。因此，对微观的历史分期——每一个空间单位、每一种人类社会、从气候史到艺术史的每一个存在范畴——重新加以定位，其意义不亚于宏观的历史年代分期。所有这些架构都将为我们研究历史提供帮助：它既是非专业化历史观的辅助坐标，也是历史学家用以阐释历史的专业工具。"①当然，奥斯特哈默的观点放置在全球史的视域内或许会更有解释力，因为在全球化进程开始之前，世界各地在时间上的差别并不仅仅是不同时区的差别，而是具有各自不同的时间线。这些时间线在全球化的时代开始交会和同步，进程也开始大大加速。

这本书所研究的"近现代德国"中的"近现代"主要是指从 19 世纪中叶到 20 世纪中叶这一时间段。个中原因就是这一时段大致对应德意志现代国家的形成过程——今天大众所熟悉的德国是始于 1871 年建立的

---

① [德]于尔根·奥斯特哈默：《世界的演变：19 世纪史》(全三册)，强朝晖、刘风译，社会科学文献出版社 2016 年版，第 135 页。

德意志第二帝国，在这之前并没有一个作为现代政治学意义上的政治实体的德国存在；而之所以限定在20世纪中叶，那是因为在第二次世界大战后，这里的讨论对象的发展进程无疑发生了重大断裂。

“近现代德国”同时也涉及一个空间上的问题。正如历史学家葛兆光试图考察“何处是‘中国’?”，“何处是‘近现代德国’?”同样需要考察。这类问题的答案都是“中心清晰，边缘变动”的。[①] 古今中西对这类问题都有不同的认识，当然基于这些不同的认识也产生了各种争议和冲突。当然不能像1848年那些德意志民族自由主义者那样认为“哪里讲德语，哪里就是德意志”，也不能认为哪里有大比例的德意志人居住，哪里就属于德意志。即便使用生物学、人类学和语言学之类的专门知识去界定这些问题，也难以得出精确的答案。和1871年德意志第二帝国统一时的情况进行对比，现在再次统一的德意志联邦共和国在疆域上发生了很大变化，包括原本东普鲁士的柯尼斯堡(普鲁士的“龙兴之地”)变成了俄罗斯的加里宁格勒，原先东部大量的领土划归波兰，如现在波兰的城市弗罗茨瓦夫就是之前有名的德意志城市布雷斯劳，而阿尔萨斯和洛林也再

---

① 参见葛兆光:《历史中国的内与外:有关“中国”与“周边”概念的再澄清》，香港中文大学出版社2017年版。

次成为法国的一部分。近现代德国的大致范围及变动是需要从整体上加以把握的，良好的空间感能为研究的准确性提供保障。[1] 读者若联系到孟德斯鸠在《论法的精神》中和托克维尔在《论美国的民主》中都将对地理因素的讨论作为展开政治文化讨论的必要铺垫，那就会认识到地理因素对此类研究的重要意义。

大体而言，德国地处中欧，而且在历史上长期处于一种松散的分裂状态，使其强烈地受到相邻各国的影响，并产生了所谓的中欧（Mitteleuropa）意识——向东对抗俄罗斯，向西对抗英法，有时还要考虑南部的奥匈帝国和意大利，当然整个北面的海岸线也很容易被封锁。德意志人总是试图摆脱一种强敌环伺的状态，并在中欧建立起由日耳曼人的国家为主导的秩序。关于“自由”和“统一”的论辩在近现代德国语境中一直具有非常重要的地位，这是因为他们一直有建立强大国家的强烈需要。可以说，近现代德国的历史并不是独立于欧洲其他国家的历史而发展的，所以在考察近现代德国历史时又不得不经常和同期的欧洲历史进行相互参照。

对“近现代德国”稍加时空限定之后，“近现代德国的政治与社会问题”——亦即所谓的“德国问

---

① 参见孟钟捷、霍仁龙：《地图上的德国史》（第二版），东方出版中心2016年版。《地图上的德国史》是这方面非常值得一读的著作。

题”——就比较容易理解了，也就是人们经常说的：“在一个产生过康德和歌德的国度，为什么会产生纳粹？”之所以将近现代德国认为是西方世界的独特标志或另类存在，乃是因为其所表现出来的在现代化转型过程中的独特性。这是一种非常西方中心主义的视角，当然也可以认为这是以战胜者书写历史的视角审视近现代德国的特殊性，或者更为准确地说，审视其失败。此书将沿着西方社会的“古今之争”，抑或现代性问题的视角去考察近现代德国政治与社会问题。不过笔者并不能认同列奥·施特劳斯（Leo Strauss）及其学派的观点：近现代德国因为过于现代，抛弃传统过于彻底，以致彻底滑向虚无的深渊之中。在近现代德国能看到的是一盘混杂着各种前现代、现代与后现代的大杂烩，它只是在试图挣扎着脱离这个过程而已。德国脱离这个过程的经历、时间点与英法等国有所差别，因此才会产生各种畸形的发展，招致误解。或许跳出西方中心主义视野的框架限制之后，才会发现所谓“德国问题”只是一种后发展国家的普遍性问题，不过本书无意在此过多展开。

在既有研究中，所谓的德国近现代思想史具有一种既区别又联系于西方世界的独特性，这种独特性是由深远的地理和历史因素形成的一种“沉淀物”。正如李伯杰指出的：“基于德国位于欧洲中心的特殊的地理位置、历史发展和在此基础上形成的文化传统，德国文化呈现出鲜明的，既不同于东欧又不完全与西欧国家相同的特性。德国在欧洲历史上长期是一个‘问题国家’，犯下了数次发动战争的罪行。我们对于德国文化中种种迥然有别于西方文明的特点、德国人的心态还认识不足，需要做大量的工作来展示德国文化的特质，特别是亟待廓清一些有关德国文化的误区。关于德国文化的误区比比皆是，例如德国在文化上总体上属于西方的范畴，但是长期以来，德国人又认为‘德意志文化’不同于并且优于‘西方文明’，进而长期与西方处于对抗状态。”①

在关于此问题的学界通说视角之下，可以认为所谓“德意志特殊道路”是德国在现代化进程中对西方世界的偏离，而其失败则是对西方世界的复归。

关于近现代德国的既有研究有很多，这本书的研究是建立在之前的各类研究基础之上的，但是尝试以有别于之前既有的研究类型，以主题式的方式将近现代德国政治与社会的各个重要方面进行重构与剖析。既有的研究也包括笔者已经出版的博士论文《走出“非政治的文化”——对近现代德国政治思想的一种政治哲学考察》②。这篇博士论文侧重的是

---

① 李伯杰：《德国文化研究》，北京师范大学出版社2015年版，第2页。

② 参见李哲罕：《走出“非政治的文化”：对近现代德国政治思想的一种政治哲学考察》，社会科学文献出版社2016年版。

思想文化层面以及相关人物方面的考察，但是本书的研究则更为侧重政治与社会方面。本书不仅将会利用一些之前的文献材料和论述，而且会坚持博士论文中的一些基本观点和框架，即贯穿此项研究的线索主要有以下两条：第一条是近现代德国的现代化进程，第二条是欧洲政治哲学思想的三次“范式转变”在近现代德国的影响或表现。准确地说，两者紧密联系在同一个进程之中。从为国内学术界有所增益这点考虑，本书还是自有其价值的。

贯穿本书的第一条线索是近现代德国的现代化进程。作为学界（不论是赫尔穆特·普莱斯纳、卡尔·洛文斯坦、拉尔夫·达仁道夫还是国内的李工真等）①对“德国问题”研究的共识性看法是：作为一个资本主义现代社会的“后来者”，和其他西方国家相比，德国相对较晚进入资本主义现代社会以及确立现代民族国家，并且这一进程是通过由普鲁士容克贵族领导的一系列对外战争实现的自上而下的改革完

① 可以参见 Helmuth Plessner：*Die verspätete：Nation Über die Verführbarkeit bürgerlichen Geistes*，W. Kohlhammer，1959；Karl Loewenstein：*Hitler's Germany：The Nazi Background to War*，the Macmillan Company，1939；Ralf Dahrendorf：*Society and Democracy in Germany*，Gregg Revivals，1992；李工真：《德意志道路：现代化进程研究》，武汉大学出版社 2005 年版；李工真：《德意志现代化进程与德意志知识界》，商务印书馆 2010 年版；李工真：《德国现代史专题十三讲：从魏玛共和国到第三帝国》，湖南教育出版社 2010 年版；以及其他相关研究。

成的(在德国历史上从未发生过一场成功的自下而上的革命),因此这条道路导致了后来的各种问题。德国社会学家尼古拉斯·卢曼认为,现代社会中的政治(权力)在"水平"和"垂直"方向上都获得了充分的发展,"水平"方向是指政治参与的主体范围和政治化的社会领域,"垂直"方向是指在一个主权体内权力所渗透的深度和效率。[①] 将卢曼的观点纳入本书的分析视野,可以获得一个更为明确的框架。

德国实现这种转型的方式实为有其自身的特殊性根源,按照李伯杰的看法:"德国人被称为一个'迟到的民族',即是说德意志结构民族国家的迟缓及其过程之艰难。"[②]"德意志民族的'迟到',一则源自德国的地理位置,但是地理因素还不足以构成德国'迟到'的全部理由,因为除了地理因素之外,德意志的历史也并未垂青于德意志,这也是一个重要的因素,甚至是更重要的因素。"[③]正如英国历史学家罗杰·普赖斯所描述的:"(1848 年欧洲大革命——笔者注)在法国,人们通过暴力推翻了君主制度,在伦巴第—威尼斯则是武力驱逐外国统治者,或者如匈牙利般

---

① 参见 Niklas Luhmann: *Die Politik der Gesellschaft*, Suhrkamp, 2000, S. 126。

② 李伯杰:《德国文化研究》,北京师范大学出版社 2015 年版,第 26 页。

③ 同上,第 32 页。

采取立宪方式，而在德意志联盟各国、奥地利和波希米亚，则达成协议，寻求在宪法上做出妥协。”①通过这种与同期其他欧洲国家的比较，可以大体认识到近现代德国在之后发展上表现出进一步的特殊性的原因：在一定程度上，在近现代德国，封建专制统治集团和教会经过自身的调整而依旧保持着强大的实力，在俾斯麦完成统一后的德国社会中仍然保留了较多保守的、前现代的和“非自由的”因素，同时却没有产生有足够政治参与能力和意愿的中产阶级和相应成熟的公民政治文化。② 因为德国的现代化并非像其他国家那样是自下而上实现的，而是自上而下实现的，特别是在无产阶级开始登上历史舞台之后，羸弱的资产阶级开始寻求和原先的专制统治集团合作，一致对抗无产阶级，从而沦落为不具备充分自我意识与实践能力的政治附庸。

---

① [英]罗杰·普赖斯：《1848年欧洲革命》，郭侃俊译，北京大学出版社2014年版，第50页。

② 参见 Fritz Stern：*The Failure of Illiberalism：Essays on the Political Culture of Modern Germany*，Columbia University Press，1992；Konrad H. Jarausch：*Students，Society，and Politics in Imperial Germany：The Rise of Academic Illiberalism*，Princeton University Press，1982。这些研究都试图说明在第一次世界大战前的德国知识分子圈子中存在着的一种“非自由”的氛围，当然，这种“非自由”氛围也在魏玛共和国时期延续着。关于德国羸弱的自由主义，可以参见 Dieter Langewiesche：*Liberalism in Germany*，translated by Christiane Banerji，Princeton University Press，2000。

近现代德国这种现代化的方式被德国人称为(更准确地说,是自诩为)“特殊道路”(Der Sonderweg)。[①] 正如德国历史学家韦勒所指出的:“一开始是对一种积极的特殊道路的设想,从 1871 年到 1945 年,它被德意志帝国视作远远优于‘西方民主’的道路。因为高效率的官僚制度、卓有成效的军事力量、强大的帝国、国家的社会福利政策、教育体制——这些仿佛都体现了德国构架与社会状况的优越性。再次表现出一种傲慢,它通过‘1914 年的理念’并在第一次世界大战的过程中逐步增强,直至‘第三帝国’的种族学说把它拔高为世界历史上独一无二的范例。”[②]这条“特殊道路”不仅因为从俾斯麦统一后至第一次世界大战前,德意志第二帝国在文化、科学和经济上(需要注意的是,除了俾斯麦为对抗社会民主党而提出与实行的社会福利国家制度之外,德国在政治制度上还是裹足不前的)的巨大繁荣而被称颂,而且还成为当时许

---

① 关于德国现代化的“特殊道路”的具体讨论可以参见“The Spirit of 1914 and the Ideology of a German ‘Sonderweg’”一章中的详细讨论(Wolfgang J. Mommsen: *Imperial Germany 1867—1918: Politics, Culture and Society in an Authoritarian State*, translated by Richard Deveson, Edward Arnold Publishers, 1997, pp. 205—216)。

② [德]汉斯-乌尔里希·韦勒:《21 世纪初的冲突》,周惠译,漓江出版社 2015 年版,第 81 页。

多希望能够“屹立于世界强国之林”的后发展国家的效仿对象。关于这条“特殊道路”背后是否有法兰西第二帝国在普法战争失利后支付的巨额战争赔款或者第二次工业技术革命这样的因素的影响，也是需要注意的。但更为重要的则是这种向西对抗英法自由主义和向东对抗俄国专制主义的所谓“特殊道路”的负面效果，即它在现实政治中阻碍了近现代德国人对资本主义现代社会和魏玛共和国的议会民主制度的接受，同时这也意味着德国对第一次世界大战后回归西欧主流思潮的拒绝，并最终为纳粹上台和“德国的浩劫”(Die deutsche Katastrophe)铺平了道路。笔者并不完全支持德国历史学家弗里德里希·梅尼克提出的“德国的浩劫”这个说法，因为更为准确的说法其实应该是“德国人对世界造成的浩劫”。

所谓“特殊道路”的实质就是在原先社会的统治阶级带领下实现的部分现代化(即所谓“跛足的改革”)，而并没有建立现代权力体系，也未经过充分的社会革命和社会启蒙，这被认为是社会各部分团结协作而非撕裂斗争的表现形式。正如韦勒所指出的：“就现代化理论来看，人们在这儿碰到的是真正传统的矛盾关系，它最晚从 1840 年以来就一直贯穿了德国的历史：完全现代化的工业、技术，部分现代化的社会结构发展，跟政治体制中的顽固派以及社会特权阶层之间的矛盾。德意志帝国最后因没有解决这些矛盾而崩溃。”[①]如果在改革中存在的社会矛盾没有得到有效的解决，那么这些矛盾在相对不利的环境中（诸如经济危机或者战败的时候）就会自然地以一种非常剧烈的形式表现出来。

上述这些政治现实的问题也体现在政治思想上。贯穿本书的第二条线索是笔者所试图勾勒出的近现代欧洲政治哲学思想史上的三次“范式转变”在近现代德国的影响或表现。这三次“范式转变”是指：政治哲学所基于的范式从神权的到君主-主权[②]思想的，再到古典自由主义的，最后到社会主义与民族主义的三次转变。这三次“范式转变”也对应于主权的来源从“君权神授”到理性-自然法，再到“人民主

① ［德］汉斯-乌尔里希·韦勒：《21世纪初的冲突》，周惠译，漓江出版社2015年版，第101—102页。

② 关于“君主”和“主权”两个概念之间的联系，从sovereign和sovereignty这两个词所共有的词根上看，就可以一目了然了。

权”的转变。①

这三次“范式转变”的过程并非单纯政治哲学意义上观念或概念的演进，同时这个过程也是伴随着——更准确地说是跟随着——社会、经济和文化的连续性发展，原有社会秩序和政治正当性基础的连续性的断裂或根本性变化，以及现代社会中的政治在“水平”和“垂直”方向上获得发展，而得以发展

---

① 正如美国哲学家查尔斯·拉莫尔所指出的，“施米特观察到，在现代时期中，政治的一个独有特征是从王朝的正当性原则向民主的正当性原则的转变。曾经有过那样一个时代，君主实施的政治权力通过他在一个王朝血统中的位置得到证成，而这本身被视为传达上帝意志的手段。但至少从1815 年开始，不只是君主政体，而且几乎所有形式的政府都已经声称，自己不是依据神权而是依据人民的意志来统治”。参见[美]查尔斯·拉莫尔：《现代性的教训》，刘擎、应奇译，东方出版社 2010 年版，第 195—196 页。克里斯·桑希尔则认为是从欧洲 1848 年大革命之后才形成抽象性的“人民主权”观念，该观念所导致的后续影响在纳粹身上得到了最终的完成，参见 Chris Thornhill: *A Sociology of Constitutions: Constitutions and State Legitimacy in Historical-Sociological Perspective*, Cambridge University Press, 2013, pp. 252—253。著名的意大利学者克罗齐在《十九世纪欧洲史》中则清楚地描绘了自拿破仑到第一次世界大战之间一个世纪内欧洲纷繁的政治事件背后所发生的政治思想的变化，参见[意]贝内德托·克罗齐：《十九世纪欧洲史》，田时纲译，商务印书馆 2013 年版。

的。[1] 上述这三种“范式”在不同时期不同社会面对着不同的问题，在保持其核心部分的同时，各自呈现出不同的样态，而且也努力修正自身以期维持自身的一致性和正当性。

如上所述，正因为近现代德国作为与西欧其他国家不同步的一个现代性的“后来者”，它不仅需要面对自身现代化进程的连续性问题，而且还需要面对自身现代化进程过于快速所导致的新旧社会的断裂问题，所以政治哲学观念的这三次“范式转变”在近现代德国并非呈现为清晰的三个顺次的阶段，而是时空错置一般地交织在一起。不过正因为如此，方才可以更为清楚地认识到在这些新旧观念之间的碰撞与冲突。生动地说，政治哲学观念的这三次“范式转变”在近现代德国的模糊形象就像卡尔·洛维特在回忆中提到的：“（纳粹上台后不久，）在慕尼黑，我坐在一间咖啡馆里，有冲锋队队员在兜售明信片，上面印着腓特烈大帝、俾斯麦与希特勒的肖像。”[2]

下文的讨论将表明，在近现代德国，某种程度上

---

① 关于政治主体范围的扩大，黑格尔在历史哲学中有一个极好的说法：“东方世界仅知‘一个人’自由，希腊、罗马世界认识到‘一些人’自由，日耳曼世界认识到‘一切人’自由……”参见薛华：《黑格尔、哈贝马斯与自由意识》，中国法制出版社 2008 年版，第 95 页。

② ［德］卡尔·洛维特：《纳粹上台前后我的生活回忆》，区立远译，学林出版社 2008 年版，第 5 页。

是社会主义与民族主义这两种范式——历史学家弗里德里希·梅尼克将其称为“现代社会的两大运动”——占据主导的时期，但其间又夹杂着君主-主权理论和自由主义思想。同时，也正是因为近现代德国政治思想如光谱图上这般充分的展现，才能够更为清楚地了解相关的问题。

如果不回溯至托马斯·莫尔或闵采尔，而是从空想社会主义到卡尔·马克思的科学社会主义算起，那么社会主义思潮就是兴起于18世纪到19世纪的政治现实和政治思想的产物。各种类型的社会主义思想不仅广泛存在于近现代德国的知识分子中间，而且也存在于实际的政治运作中：在魏玛共和国时期除了天主教中央党之外，在所有主要政党的基本主张里面都可以发现有或多或少的社会主义成分——如果深究社会主义的主张与天主教的教义在根源上的关联性及相似性，那么它们就无一能够“幸免”了。对于这个现象，不仅要从古代日耳曼民族的共同体主义或团体主义中寻找社会主义的渊源，而且还要清楚在近现代德国的语境中，社会主义并不仅仅是作为和自由主义-资本主义相对抗的一种经济领域的社会(国家政策)协调性的安排，而且还是一种相应的生活方式和伦理基础。按照深谙德国政治思想的英国学者阿克顿勋爵的说法，“它(社会主义——笔者注)是民主精神能进入德国的仅有形式”。①

在第一次世界大战后，同样兴起于18世纪到19世纪的民族主义，在美国总统威尔逊的“十四点”和苏联领导人列宁的“民族自决”中得到肯定。民族意识自古存在，但是围绕民族国家而被政治化的民族意识即民族主义，则是近现代政治哲学所建构出来的事物。② 民族主义兴起的原因是，“民族主义恰恰在为统治秩序和共同体寻求新的统治基础；而这个基础就是建立在独立民族的意愿，以及之后更为人们所熟悉的，民族主义在鼓动和整合统治体方面的功效”③。正是因为可以通过召唤一个民族（种族或虚构的共同体）一致的语言、文化、传统与历史等，有效地完成其自身内部的凝聚（下一步必然是指向向外的发展），所以从中世纪晚期天主教体系崩溃到目前为止，民族主义一直都保持着旺盛的生命力。在近现代德国，特别是自拿破仑法国入侵以来，民族主义在德国知识分子心目中一直被认为是一种积极的和真诚的情感，他们一直要到第一次世界大战后，甚

---

① [英]阿克顿：《自由史论》，胡传胜、陈刚、李滨、胡发贵等译，译林出版社2001年版，第78页。

② 就此可以参见[英]戴维·米勒：《论民族性》，刘曙辉译，译林出版社2010年版；[德]汉斯-乌尔里希·维勒：《民族主义：历史、形式、后果》，赵宏译，中国法制出版社2013年版。

③ [德]汉斯-乌尔里希·维勒：《民族主义：历史、形式、后果》，赵宏译，中国法制出版社2013年版，第19页。

至要到第二次世界大战后才能认清民族主义的消极一面——按照哈贝马斯的分析，民族主义在近现代德国的这种畸形的发展正是因为近现代德国政治思想之中的一种缺失："这种人种学的民族概念与历史学家使用的民族概念发生了冲突，因为它没有突出与民主法治国家实证法秩序、政治历史叙述，以及大众交往之间的特殊联系；欧洲 19 世纪形成的民族意识之所以具有反思特征和人为色彩，就是因为有了这些特殊的联系。"①施托莱斯则持有相对中肯的观点："依据情况，民族主义既是国家建立也是国家毁灭的酵素。"②

如果从 19 世纪初哲学家费希特后期的政治著作开始一直读到 20 世纪初社会学家马克斯·韦伯的政治著作，可以清晰地发现一百多年来这些在爱国主义形式包装下的民族主义思想在那些所谓"德国最为高贵的心灵"中的影响。既然这些"高贵的心灵"都尚且如此，那么就只能对普罗大众——他们作为现代政治中政治活动参与者的同时也是政治宣传的受体——的内心躁动抱以更多同情的理解，当然这并非意味着他们对之后纳粹的罪行不用承担责任。

---

① ［德］尤尔根·哈贝马斯：《包容他者》，曹卫东译，上海人民出版社 2002 年版，第 150 页。

② ［德］米歇尔·施托莱斯：《德意志公法史》（卷三），王韵茹译，元照出版有限公司 2012 年版，第 11 页。

社会主义与民族主义两者都通过树立特殊的敌人（“他者”）的方式来涵盖尽可能多被动员起来的民众而实现自我的政治目标。在方法上，社会主义和民族主义两者一般而言都倾向于使用虚幻的和拟制的宗教形式：上帝的选民、神圣的使命或解放、救赎等。当然和宗教形式一样，它们也都通过各自的“教义”，即意识形态——不论是文化上的、历史上的、社会理论上的还是人类学上的——来论证自身所追求的政治目标和为此政治目标所实施的任何手段的正当性。因此社会主义和民族主义两者在两次世界大战期间的合流就变得非常容易理解，正如著名的美国政治学家乔治·萨拜因所说的：“这一思想非常简单且极具吸引力，几乎用不着去探寻它的出处。社会应当是相互合作的，而不应当因争斗而变成四分五裂的；民族乃是每个人都归属于的那个社会；因此，每个阶级和每个利益集团都应当携起手来共同为民族利益效劳。”①

在20世纪20年代，除了意大利的贝尼托·墨索里尼从左翼社会主义工人运动到法西斯运动的转向和奥地利的社会民主党中的右翼卡尔·伦纳、奥托·鲍威尔等人的观点等典型案例之外，在魏玛共和国，不

① ［美］乔治·萨拜因：《政治学说史》（第四版·下卷），［美］托马斯·索尔森修订，邓正来译，上海人民出版社2010年版，第582页。

论是在历史哲学家奥斯瓦尔德·斯宾格勒的“普鲁士社会主义”，还是在社会学家维尔纳·桑巴特的“德意志社会主义”中，民族主义和社会主义两者都达到了各自在理论上的修正和两种理论之间相互高度的融合，并最终在现实政治中导向了纳粹。正如纳粹党的全称“德国民族社会主义工人党”[①]所表明的一样，它是以民族主义为基础，并整合了社会主义中的诸多观点的，通过鼓动大众实现对以自由主义-资本主义为主导的现代社会的反动。

---

① 将“Nationalsozialismus”翻译为“国家社会主义”实为有些不够准确，最早这个词的中文译法是出现在20世纪30年代出版的《德意志社会主义》和钱端升的《德国的政府》中（[德]维尔纳·桑巴特:《德意志社会主义》，杨树人译，华东师范大学出版社2007年版；钱端升:《德国的政府》，北京大学出版社2009年版）。正如斯宾格勒、维尔纳·桑巴特和梅尼克所提及的或表现出来的，支持纳粹兴起的正是社会主义和民族主义这两股交错在一起的思潮。李工真翻译的《纳粹德国的兴亡》就采用了“民族社会主义”这个译法（[德]托尔斯腾·克尔讷:《纳粹德国的兴亡》，李工真译，人民出版社2010年版）。笔者认为，“民族社会主义”应该是这个词更为准确的译法，读者需要对此加以留意。

第二章

德意志历史

在上一章构建的讨论框架中，德意志历史、“德国问题”和德意志政治思想传统这几个问题相互交织在一起，共同构成了本书对近现代德国政治与社会进行考察的经纬。

虽然在古希腊历史学家希罗多德的文献中也有关于日耳曼人的模糊记载，不过在历史上最早关于日耳曼人相对可靠的文献记载大概是古罗马的恺撒在公元前 51 年左右所写的《高卢战记》，在其中他将生活在莱茵河另一边的众多部落称为“日耳曼人”，这是因为古罗马人将莱茵河以东的地方称之为“日耳曼尼亚”。中间隔了很久之后，一直到公元 98 年，古罗马历史学家塔西佗在《日耳曼尼亚志》中才对日耳曼人有了较为详尽的描述——尽管这些文献中有部分描述是基于传言，毕竟在古代文献中以讹传讹的描述总是占据很大的比例。在 4 世纪到 5 世纪，以日耳曼人为主的"蛮族入侵"和罗马帝国内部政局的长期混乱导致罗马帝国国势的衰退，最终西罗马帝国于467年灭亡，读过奥古斯丁《上帝之城》的人想必都知道这段故事。在西欧立足的不同日耳曼部落在内部以及外部的相互攻伐中缓慢地和其他的民族结合并文明化（以及基督教化）了。当然这些"野蛮人"在历史上稍晚一些的时候因为使用土语而自称"德意志人"（Deutsche），大意就是"人民"或"平民"，然后就有了"德意志国家"（Deutschland）。查理曼大帝于800年在罗马加冕，962年德意志民族神圣罗马帝国（史称"德意志第一帝国"）成立。然后这个由日耳曼人组成的松散的帝国（更为直接地说，这应该是一个"部落联盟"）就一直断断续续地存在到了19世纪初，直到拿破仑击败奥地利之后才解体。

1517年10月31日，神学家马丁·路德发表了针对罗马天主教会的《九十五条论纲》，在德国境内掀起了宗教改革运动的浪潮，紧随着宗教改革运动的是德意志农民战争。1618年至1648年，欧洲诸强国都卷入因为宗教和王朝利益而引发的"三十年战争"，作为这场战争主战场的德意志蒙受了巨大损失，战争最后以签订《威斯特伐利亚和约》而告终。这场战争不仅奠定了近代欧洲各国的大致边界和近代民族国家的形成基础，而且使得奥地利的哈布斯堡王朝开始逐渐失去对除奥地利之外其他德意志地区的实际控制，并向中欧、南欧的其他非德意志人居住的地区进行扩张，原先德意志民族神圣罗马帝国疆域内的各个封建势力也开始逐渐独立。1701 年，作为近现代德国故事主角的普鲁士升格为王国，腓特烈一世成为首任普鲁士国王。1756 年至 1763 年的“七年战争”使普鲁士国力大增，腓特烈二世被后人称为“腓特烈大帝”。

1789 年法国大革命爆发。从 1805 年开始，拿破仑法国入侵德国，次年奥地利战败，奥地利皇帝弗朗茨二世被迫放弃德意志民族神圣罗马帝国皇帝称号，这个曾被法国思想家伏尔泰笑话为“既不神圣，又非罗马，更非帝国”的帝国被拿破仑废除。10 月，耶拿战役，普鲁士大败。1807 年，施泰因出任普鲁士首相，他和哈登贝格、威廉・洪堡、格奈森瑙、沙恩霍斯特等人一起推进了普鲁士内政、军事和教育等多方面的改革。1807 年至 1808 年冬天，哲学家费希特做了著名的《致德意志民族的演说》，号召德意志民族联合起来反对拿破仑法国。1813 年至 1815 年，普鲁士在解放战争中反败为胜，最终联合其他反法国家在 1815 年的滑铁卢战役中彻底击败拿破仑。

在击败拿破仑之后，德国资产阶级自由派以及大学生组织为了实现他们孜孜以求的两个目标——“自由”和“统一”，进行了一系列政治活动，但是当时的现实政治环境是德意志各个邦国的统治者都无心在击败拿破仑后继续推行民主化改革而纷纷复归原先的保守立场，甚至大有变本加厉之势。如果阅读过一些马克思青年时代（特别是1841年到1843年他在《莱茵报》担任主编时期）的政论文章，就会对当时所谓“复辟时代”的严酷政治环境有所了解。德国资产阶级自由派于1848年5月18日在美因河畔法兰克福的圣保罗教堂召开国民议会，次年3月制定帝国宪法，但普鲁士国王拒绝了法兰克福国民议会所献上的皇冠，随后国民议会被普奥两国军队驱散。自此，资产阶级自由主义运动在德国偃旗息鼓，原先的很多自由派知识分子转投普鲁士军国主义，他们认为只有通过普鲁士（按照俾斯麦所说的，只有通过铁和血）才可以完成德意志民族的“自由”和“统一”。当然对这些1848年资产阶级大革命中的代表分子不应给予过高评价，因为他们其实也持有许多侵略性的主张，诸如在北部对丹麦、在东部对波兰的领土主张，甚至他们还怂恿普鲁士军队对丹麦发起了一场虎头蛇尾的军事行动。①

1862年作为普鲁士容克贵族出身的奥托·俾斯麦上台担任普鲁士首相，通过三次王朝战争完成了普鲁士统一德国的事业（即所谓排除奥地利在外的

---

① 对于1848年法兰克福国民议会中那些代表的侵略性主张，可以参见[德]塞巴斯蒂安·哈夫纳:《从俾斯麦到希特勒》，周全译，译林出版社2016年版，第3—4页。

"小德意志方案"):1864 年普鲁士伙同奥地利对丹麦发动战争,1866 年普奥战争(同年成立以普鲁士为首的北德联邦),1870 年至 1871 年的普法战争。1871 年 1 月 18 日,德意志帝国成立(史称"德意志第二帝国"),普鲁士国王威廉一世成为皇帝,俾斯麦成为帝国首相。其实德意志第二帝国并非是一个中央集权制的帝国,许多邦国依旧有相对的独立性,只是普鲁士在其中占据主导地位。统一后的德国利用法国的战败赔偿款以及新技术迅速完成了第一次与第二次工业革命,在经济上获得了飞速的发展,无疑那个时代的德国已经成为世界强国之一。

在 19 世纪七八十年代,俾斯麦对内通过"文化斗争"(Kulturkampf)与天主教势力做斗争,同时又通过社会立法与取缔社会民主党以分化和限制社会主义工人运动(俾斯麦最早提出了社会福利国家制度);对外则通过联合英国与俄国而孤立法国,以及着眼欧洲而轻视夺取殖民地的外交政策维持欧洲强国之间的均势(这被称为"踩在鸡蛋上的平衡")。1890 年俾斯麦的那套古典的政治方式已经渐渐不能满足新皇帝威廉二世(当然他也是末代皇帝)和泛德意志主义运动等德国人争霸世界的野心,俾斯麦被迫下台。这正式宣告了他构建与维持的国内外政治平衡被打破,以及其之前一系列努力的破产。以威廉二世为首的德国容克贵族和泛德意志主义(也称为泛日耳曼主义,Alldeutschtum)之类的激进派为了“阳光下的地盘”[①],试图挑战当时的国际秩序,在殖民地问题上四处出击,并且因为建造舰队威胁到了英国,最后形成了被英法俄三国夹击的态势,使德国走向了第一次世界大战。1914 年 6 月 28 日,奥匈帝国皇储被刺,欧洲各国开始总动员,8 月 1 日战争爆发。第一次世界大战虽然是欧洲列强之间矛盾不可调和的产物,但是从当时德国人战争前后的行径来看,他们为实现对法国攻击的“施里芬计划”而侵略了中立国比利时,并且对法国北部和比利时实施了焦土政策,在海上进行无限制潜艇战,与苏联签订了非常苛刻的《布列斯特-立托夫斯克和约》,也许《凡尔赛和约》对战败的德国人来说并不算非常过分。

在经历了东西两线 4 年艰苦的战争后,德国获胜的机会已经非常渺茫,特别是当美国也加入战争之后,德国的情况进一步恶化。1918 年 11 月,基尔港的水兵哗变和南部的共产党起义,加速了德国的战败。威廉二世逃到了荷兰,以鲁登道夫将军为首的军方(在战争的后半段军方已经实际上控制了德国)也不愿意去承担战争失败的结果,时任首相的巴登亲王将首相的职位让给了社会民主党领导人弗里德里

① 这出自时任德国首相伯恩哈德·冯·比洛的话:“让别的民族去分割大陆和海洋,而我们德国满足于蓝色的天空的时代已经过去了,我们也要求阳光下的地盘。”

希·艾伯特。11 月 9 日社会民主党领袖菲利普·谢德曼为了防止极端左翼斯巴达克斯派宣布建国而抢先宣布德意志共和国成立。11 月 11 日,德国投降,第一次世界大战结束。1919 年 1 月 19 日共和国的第一次国民议会在魏玛召开。选择小城魏玛并不仅仅是因为当时共和国的立国者们想和歌德、席勒所代表的德意志文化取得精神上的联系,而且还因为当时柏林陷入了斯巴达克斯联盟发起的暴乱之中。直到激进左派的领袖卢森堡和李卜克内西被杀害(1 月 15 日),暴乱被军队镇压,政府才搬回柏林。2 月 11 日艾伯特当选总统,谢德曼当选总理,6 月 28 日德国签订《凡尔赛和约》,7 月 31 日通过《魏玛宪法》。值得一提的是,第二帝国后期最为著名的民族自由主义知识分子弗里德里希·瑙曼和马克斯·韦伯两人在魏玛共和国建立初期相继过世。

魏玛共和国的危机与其说是例外状态,毋宁说是常态。共和国诞生时所处的环境离正常状态相去甚远[①]:1920 年 3 月的卡普暴动、图林根州及萨克森州的共产党起义事件;1921 年签署第一次世界大战停战协定的政治家马修斯·厄尔兹贝尔格被暗杀;

① 关于魏玛德国期间社会、经济和政治的全方位的乱象和危机的研究可以参见 Detlev J. K. Peukert: *The Weimar Republic: The Crisis of Classical Modernity*, translated by Richard Deveson, Penguin Press, 1991。

1922年政治家瓦尔特·拉特瑙被暗杀；1923年1月11日法国和比利时入侵鲁尔地区；同年11月希特勒在慕尼黑发起啤酒馆暴动。20世纪20年代中期，在美国的经济援助下，魏玛共和国曾有过一个短暂的稳定期，但好景不长。1925年2月艾伯特逝世，4月起第一次世界大战中的德国陆军元帅兴登堡经过选举成为总统。1926年，德国加入国际联盟。而1929年华尔街的崩溃宣告了魏玛体制的存续进入了最后的倒计时阶段。经过一系列的经济政治危机后，1930年，纳粹党在国会大选中获胜；1933年1月30日，经过兴登堡总统及其幕僚的暗箱操作，希特勒成为首相，2月1日兴登堡解散国会，2月27日纳粹制造国会纵火案，3月23日通过《授权法案》，废止《魏玛宪法》和议会民主制，5月10日，德国各地发生大学生焚书活动，10月德国退出国际联盟；1934年6月30日，纳粹发起“长刀之夜”，恩斯特·罗姆和冲锋队(SA)等纳粹党中的异议分子被清除，在8月2日兴登堡逝世之后，希特勒成为元首，纳粹德国被称为是“德意志第三帝国”。希特勒上台后，纳粹不仅在内部消灭异议分子，而且还开始积极备战。1936年3月，德军开进莱茵地区的非军事区，在同年和次年分别和日本、意大利签订《反共产国际协定》；1938年3月吞并奥地利，8月根据《慕尼黑协定》吞并苏台德地区；1939年3月侵占捷克斯洛伐克全境，9月1日，德国入侵波兰，第二次世界大战爆发。

经过6年战争之后，1945年5月8日德国无条件投降。战后德国被分为美、英、法、苏四个占领区，后来在此基础上成立了联邦德国（简称西德，1949年5月23日成立）与民主德国（简称东德，1949年10月7日成立）。1952年联邦德国和其他欧洲五国（法国、意大利、比利时、荷兰和卢森堡）成立“欧洲煤钢联盟”。1961年，苏联在东柏林修筑柏林墙，正式将两个德国分隔在“铁幕”两边。1967年联邦德国和上述欧洲五国以“欧洲煤钢联盟”为基础成立欧共体。1989年11月9日柏林墙被推倒，1990年10月3日两德统一，并在1991年6月经投票决定迁都柏林，同年12月旨在推进欧洲国家政治经济一体化进程的《马斯特里赫特条约》签订。近些年，德国则遭遇欧盟债务危机、中东难民危机和右翼极端政党兴起等问题。

第三章

“德国问题”

与德国近现代历史紧密相连的“德国问题”是在近现代德国政治与社会研究领域中一个不可回避的重要问题，但吊诡的是，关于“德国问题”究竟是什么，不同时代不同学者之间却有截然不同的看法。对于其他国家的相关学者来说，如何面对在中欧出现了一个完整的，而且具有侵略性的德意志民族国家对既存秩序提出的挑战，这是“德国问题”；[①]对于1871年前的德国知识分子来说，如何在德国实现“统一”和“自由”，并像其他欧洲国家一样完成近现代民族国家的建构，这是“德国问题”；对于俾斯麦统一德国后的第二帝国时期的德国知识分子来说，如何实现“权力政治”，与其他帝国主义国家争夺“阳光下的

---

① 就此观点可以参见英国人在第二次世界大战结束前的战略分析性研究，参见[英]英国皇家国际事务研究所：《德意志问题》，林国荣译，北京大学出版社2015年版。

地盘”并使德国成为“世界之舵”的执掌者（马克斯·韦伯语），这是“德国问题”；对于签订《凡尔赛和约》后的德国知识分子来说，如何使德国摆脱《凡尔赛和约》的束缚而再度崛起，这是“德国问题”；对于经历了20世纪那场“浩劫”的德国知识分子来说，为何会在德国产生纳粹这样的现象，以及如何防止类似现象再次发生和如何面对德国再度的分裂——或许还有未来可能的再度统一——这是“德国问题”。

“德国问题”究竟是什么，或者什么是最为经典的“德国问题”？德国社会学家达仁道夫在考察了一遍历史上存在的各种说法之后，得出的结论是：“德国问题”便是“为何在德国只有如此之少的人信奉自由主义民主制的原则？”。[①] 历史学家伦纳德·克莱格则通过一组问题来总结“德国问题”：“对德国人依靠他们自己的力量追求一个在西方意义上的自由主义民主制，这种追求的失败是否意味着德国保守主义对一般自由主义的胜利？或是否在它的失败中，包含着德国人对待自由的一种特殊态度？如果有这样一种态度的话，那么它的组成部分又是什么？最后，对政治自由问题的一种特殊的德国进路的组成部分来说，这些永久残存着的组成部分在一直变化

---

① Ralf Dahrendorf: *Society and Democracy in Germany*, Gregg Revivals, 1992, p. 14.

着的特殊历史发展的条件下又是如何缓慢前行的呢?"[①]达仁道夫和克莱格对"德国问题"的界定和上述不同时代不同学者对"德国问题"的不同界定相关联,由此大致可以将"德国问题"定义为:从1848年资产阶级自由派方案的失败到1945年希特勒的失败之间,德国人是如何基于他们自身的历史传统与政治现实因素,在欧洲启蒙运动相关的自由主义政治思想传统之外,或者说以与欧洲启蒙运动相关的自由主义政治思想传统相对立的方式来构建自身的政治思想传统和解决自身政治现实问题的呢?按照尤尔根·哈贝马斯的看法:"时代错置的三种相互兼容的原则可以解释作为典型德国特征的同一个现象:被阻碍的资本主义发展、迟到的国家和被延缓的现代性。"[②]哈贝马斯的分析可以关联于上文两条线索部分的讨论,但是为了更充分地理解"德国问题",需要将它和以下几个相关的问题联系起来进一步地考察。

首先,"德国问题"是和在上一章所提及的"特殊道路"联系在一起的。"特殊道路"正如英国历史学家詹姆斯·雷塔拉克所指出的:"1848年至1945年

---

① Leonard Krieger: *The German Idea of Freedom: History of a Political Tradition*, The University of Chicago Press, 1957, p. Ⅸ.

② Jürgen Habermas: *Philosophical-Political Profiles*, Translated by Frederick G. Lawrence, Polity, 2012, p. 6.

德国的发展过程，偏离了西欧其他国家‘正常的’通往自由民主的道路。”[①]这条道路所谓的“特殊性”并不单纯是因为它在现实政治中指向纳粹，[②]而且还因为近现代德国的畸形发展使得许多领域获得高速发展的同时，产生了和这些发展不相符合的结果。换言之，“德国问题”之所以特殊，之所以被称为“德国问题”，是因为纳粹的野蛮行径是发生在高度工业化和现代化背景下的，在思想文化上拥有丰富贡献的，并且在各方面（不仅是在地缘上）都非常靠近和紧密

---

① ［英］詹姆斯·雷塔拉克：《威廉二世时代的德国》，王莹、方长明译，北京大学出版社 2013 年版，第 6 页。

② 在此笔者并非像一些德国历史学家一样，试图将希特勒的罪行“一般化”，但是仍然需要承认，纳粹的所作所为，诸如剥夺公民自由的非人道行为、对其他民族有组织的屠杀，以及战争中犯下的其他罪行，在那个特殊时代并非独一无二。此外，在两次世界大战之间的民主制政府的倒台，也并非意外，按照弗里茨·斯特恩的说法：“任何针对魏玛崩溃（原因）的严肃审查都应该从一开始就记住：20 世纪 20 年代，在整个欧洲，都普遍存在着对于民主的冷漠态度，并出现了一系列通过政变而建立起来的独裁或专制政权。第一次世界大战后建立起来的新民主政权，没有一个（或许除了芬兰之外）幸存到第二次世界大战爆发之时。魏玛共和国的存在时间比大多数其他（民主政权）更长。”参见 Fritz Stern: *The Failure of Illiberalism: Essays on the Political Culture of Modern Germany*, Columbia University Press, 1992, p. 196。此外，关于两次世界大战之间民主政府所遇到的宪政危机的考察，可以参见 Chris Thornhill: *A Sociology of Constitutions: Constitutions and State Legitimacy in Historical-Sociological Perspective*, Cambridge University Press, 2013, pp. 275—326。

联系西欧国家的德国。如果这种类似的野蛮行径发生在相对落后的地方，诸如达伦多夫经常举例的非洲和东南亚的一些国家，便不会构成像“德国问题”一样看似难以解释的问题。人们的这种疑问正说明了“德国问题”的特殊性：“在康德和歌德的国度，奥斯威辛是何以成为可能的呢?”达仁道夫的看法是：“在德意志帝国时期，传统的文化图式和现代的生产方式之间成功的结合，是不可持续的。”①所谓德国“特殊道路”的这种发展模式，实为各方面非平衡地跛足前行，这部分地回答了看似难以解释的“德国问题”的产生原因。这也正如李伯杰所指出的：“普鲁士在科学技术层面上极其现代，但是在国家理念上仍停留在前现代时期，这种技术层面上的现代性，和国家、政治理念上的前现代性构成了一对深刻的矛盾，给德国带来了诸多严重的问题。”②李伯杰认为：“19 世纪的德国，面临着两大任务：一方面，要废除贵族的特权和专制政治，建立民主政治；另一方面，要实现民族统一，建立统一的民族国家。这两个任务被归纳为‘自由与统一’。在西欧，这两个任务是一个国家步入现代的先决条件。对于英国、法国、荷兰

---

① Ralf Dahrendorf: *Society and Democracy in Germany*, Gregg Revivals, 1992, p. 398.

② 李伯杰：《德国文化研究》，北京师范大学出版社 2015 年版，第 46 页。

等老牌民主国家而言，这两个任务是相辅相成的，你中有我，我中有你，缺一不可。只有在统一的民族国家里，民主政治才能生存下去，得到健康的发展；而只有在民主政治体制中，人民的积极性和创造性才能充分发挥出来，无论经济、政治还是社会才能健康地发展。”[①]而德国“这次没有自由即民主政治的统一虽然得以完成，但是却留下了极大的隐患”[②]。但也需要注意，德国的这条“特殊道路”并非仅仅在现实历史中指向了纳粹，它也提供了理论上在自由主义-资本主义之外的另一种可能性。

其次，“德国问题”是与现代性-虚无主义问题联系在一起的。现代性-虚无主义问题是指在现代社会中，传统的价值业已崩溃，但是新价值却未建立（或者说根本就不能建立）。达仁道夫通过对近现代德国社会的全面考察和分析，得出第二次世界大战前大部分德国人并未完全进入现代社会，因此他非常妥帖地将那些德国人称为“在现代社会中的非现代人”[③]。

对于第二次世界大战前的德国来说，虽然按照

---

① 李伯杰：《德国文化研究》，北京师范大学出版社 2015 年版，第 47 页。

② 同上，第 48 页。

③ 参见 Ralf Dahrendorf：*Society and Democracy in Germany*，Gregg Revivals，1992。

工业产值、城乡人口比重、普遍受教育程度甚至是投票主体所占总人口比重等标准来衡量，经济、社会和政治等方面都已经符合现代社会的特征，但是究其实质，仍然保留有很多反对自由主义-资本主义现代社会的前现代的、保守的和“非自由”的因素。[①] 近现代德国在过于快速的现代化进程中残留的前现代因素使得这种新旧之间的冲突或者断裂相比其他社会表现得更为剧烈。这个原因才使得现代性-虚无主义问题在德国语境中成为严重的问题。[②] 将“德国问题”和现代性-虚无主义问题并置，不仅是非常典型的

---

① 正是出于这个原因，笔者向来反对简单地通过各类数据指标来考察政治与社会的状况，政治与社会等领域的问题的复杂性是远远超越这些贫乏的数字的。

② 按照列奥·施特劳斯的观点，英美等国家之所以较好地处理了现代性问题，是因为它们在现代化的演进过程中保留了更多的传统。但他的这种“诊断”无疑是错误的，因为他只看到了德国在历史发展上的断裂性问题而没有看到连续性问题，德国正是因为过多地保留了前现代因素所以才会导致现代性问题在德国成为严重的问题。同理，第二次世界大战后许多学者将纳粹现象归于“现代性问题”，也是因为他们只看到纳粹利用现代技术作为实现目的的工具这一层面，却没有看清这背后残留的前现代因素才是问题的本质。第二次世界大战前的德国保守主义思想——这正是纳粹的主要思想来源——反对资本主义现代社会，所依靠的正是诸如乡村生活和传统价值等前现代资源，即一种对确定性、权威和综合的怀旧之情。只有部分左翼学者将对资本主义现代社会的克服方向指向了未来。

施特劳斯的观点，而且也是其他许多学者的观点。[①]但是需要与上述观点做出区分和进一步说明的是，也正是因为德国知识分子自反启蒙-浪漫主义运动以来对启蒙运动所形成的理性主义、自由主义与资本主义现代社会的一以贯之的批判，才使得后来人更为充分地认识到作为启蒙运动消极面向的现代性-虚无主义问题的重要性。

再次，“德国问题”是与一种“非自由”的社会心理紧密联系的。按照德裔美国历史学家彼得·盖伊将魏玛共和国称为一个“没有共和派的共和国”，这现象背后的根源正是保守的、前现代的和“非自由”的社会结构所导致的保守的、前现代的和“非自由”的社会意识。按照和盖伊背景相似的另一位德裔美国历史学家弗里茨·斯特恩的看法，德国社会是处在一种“非自由”的状态中：“1871年后的帝国特征似乎最好用‘非自由’这个术语来描述。笔者所使用的‘非自由’，不仅是指这种政治体制的结构、选举限制或阶级欺骗，而且

① 参见 Anthony McElligott: “Introduction: Weimar and the Limits of ‘Crisis Years of Classical Modernity’”, in Anthony McElligott ed.: *Short Oxford History of Germany: Weimar Germany*, Oxford University Press, 2009, pp. 6—8。

还指一种精神状态。”[1]近现代德国社会这种“非自由”的状态导向了一种在现实政治上的错误方向：“1871年之后，只有一小部分学术界人士在面对胜利时，仍然对德意志帝国持批判态度，并始终希望德国可以接受西方的政治体制。相反，大部分人选择离开，站到了后来被称为不问政治的立场中，并接受了该立场在政治上的重要性。还有一大部分人把现存德国及其帝国主义的野心理想化，进而声明，德意志文化因其优越于西方(的特质)，从而也证明了德意志的权力。”[2]近现代德国社会的这种思想状况到1914年第一次世界大战爆发时达到了集体的高潮，在第一次世界大战结束后也未得到根治，一直到第二次世界大战战败之后的“再教育”阶段才被普遍地克服。

即使经历了第一次世界大战的溃败，在魏玛共和国时期，不但大部分当时德国社会的旧政治经济精英和一般民众，就连大部分德国文化界与科学界精英也缺少对自身的反思，并对新生的共和国持有

---

① Fritz Stern: *The Failure of Illiberalism: Essays on the Political Culture of Modern Germany*, Columbia University Press, 1992, p. XXV.

② 同上，p. 14。

怀疑，在纳粹上台时纷纷倒向纳粹。[①] 可以说，在魏玛共和国时期，德国知识分子中间保守主义阵营是非常强大的，[②]而且他们都是受到尼采思想影响并具有激进倾向的保守主义者。所以，正如弗里茨·斯特恩所特别指出的："尽管保守主义革命是一个欧洲现象，但是只有在德国它成为一股在智识上和政治上的决定性力量。"[③]

---

① 自1848年之后，大部分德国的知识分子便放弃了他们的自由主义立场，将自己的命运与德国的现实政治联系起来，成为在当时德国社会中非常重要的保守主义成分。关于文化界的情况可以参见 Walter Struve: *Elites Against Democracy: Leadership Ideals in Bourgeois Political Thought in Germany, 1890—1933*, Princeton University Press, 1973。关于19世纪末期到20世纪中期德国科学家圈子的考察，诸如马克斯·普朗克、弗里茨·哈伯等人都支持为德国参与第一次世界大战做辩护的"1914年理念"，而爱因斯坦则是一位在当时那个喧嚣的年代里为数不多的支持和平主义的德国知识分子等，可以参见[美]弗里茨·斯特恩：《爱因斯坦恩怨史：德国科学的兴衰》，方在庆、文亚等译，上海科技教育出版社2013年版的前半部分。

② 关于德国保守主义思想的研究可以参见 Klenens von Klemperer: *Germany's New Conservatism: It's History and Dilemma in the Twentieth Century*, Princeton University Press, 1957 和 Larry Eugene Jones and James Retallack eds.: *Between Reform, Reaction, and Resistance: Studies in the History of German Conservatism from 1789 to 1945*, Berg Publishers, 1997。

③ Fritz Stern: *The Politics of Cultural Despair: A Study in the Rise of the Germanic Ideology*, University of California Press, 1961, p. ⅩⅩⅢ.

德国保守主义的政治思想和纳粹思想或意识形态之间存在着实质性的区分吗？答案当然是否定的。[1] 奥斯瓦尔德·斯宾格勒、卡尔·施米特、马丁·海德格尔和恩斯特·荣格尔等在魏玛时期学术圈子中和社会上都有非常重要影响力的保守主义者在1933年纳粹上台之后(甚至在这之前)——不论是对希特勒有所保留地，还是毫无保留地——都投身于民族社会主义运动中。虽然他们的思想并不能与以阿尔弗雷德·罗森贝格为代表的纳粹思想或意识形态——后者是德意志政治思想传统激进化的和庸俗化的发展产物——简单地画上等号，却都和后者有着千丝万缕的联系，可以说，他们的政治思想表现了近现代德国政治思想中消极的一面。

正如学界通常所认为的，第一次世界大战后欧洲国家在各个方面衰败的氛围为法西斯主义运动提

---

① H. Labovics: *Social Conservatism and the Middle Classes in Germany*: *1914—1933*, Princeton University Press, 1969, p.Ⅹ.

供了适合生根发芽的土壤。[①] 在两次世界大战期间的欧洲各国，普遍存在着法西斯主义运动或类似法西斯主义的运动，其中比较具有代表性的人物有英国的莫斯利、法国的莫拉斯、意大利的墨索里尼、葡萄牙的萨拉查、西班牙的弗朗哥，以及巴尔干国家的众多大小独裁者。[②] 但是，法西斯运动在英、法、瑞士等国都没有成功，而在德国、意大利和其他南欧、中欧国家，情况则恰恰相反——法西斯运动获得了政治权力，其中原因正如达仁道夫所说："民族社会主义这种新形式的非自由主义是根植于一个非自由主义的，即一个威权的而非一个自由主义传统的土壤

---

① 对于此问题可以参见[英]奥利弗·齐默：《欧洲民族主义，1890—1940》，杨光译，袁晓红校，北京大学出版社 2013 年版。如下文相关章节所涉及的，弗里德里希·梅尼克也持有相似的观点。此外，也有学者指出保守主义革命是德意志政治思想传统对第一次世界大战结果的一种刺激性的反应，参见曹卫东、匡宇：《德国保守主义革命》，曹卫东主编：《危机时刻：德国保守主义革命》，上海人民出版社 2014 年版。萨拜因指出："法西斯党和民族社会党在第一次世界大战结束以前根本就不存在；只是到了战后，它们才从悲观失望的战败气氛中脱颖而出。"参见[美]乔治·萨拜因：《政治学说史》（第四版·下卷），[美]托马斯·索尔森修订，邓正来译，上海人民出版社 2010 年版，第 576 页。

② 关于欧洲各国在两次世界大战期间的法西斯主义运动状况和英法等国的绥靖主义政策，可以参见 Wolfgang J. Mommsen and Lothar Kettenacker eds.: *The Fascist Challenge and the Policy of Appeasement*, George Allen & Unwin, 1983; Gerard Oram ed.: *Conflict and Legality: Policing Mid-Twentieth Century Europe*, Francis Boutle Publishers, 2003。

之中的，它成功地在德国夺取了权力，但是在更为自由主义的国家里却失败了。"①

最后，"德国问题"是和"犹太问题"联系在一起的。"犹太问题"是指如何对待生活在德国境内的几十万犹太人的问题。纳粹给出的最终答案是种族灭绝。在纳粹德国的 12 年间，欧洲共有约 600 万犹太人被害。

从历史上说，犹太人和德国人在一起生活的历史有 2000 多年，形成了独特的德国-犹太共生现象。② 在近现代史上，德国犹太人为德国社会各方面的发展都做出了重大的贡献——19 世纪中叶到 20 世纪中叶有名的德国-奥地利犹太人大致有：与黑格尔同时代的国家法学家斯塔尔、音乐家门德尔松、哲学家马克思、文学家海涅、政治家爱德华·伯恩斯坦、科学家赫兹、哲学家胡塞尔、心理学家弗洛伊德、科学家爱因斯坦、科学家玻恩、科学家哈伯、政治家

---

① Ralf Dahrendorf: *Society and Democracy in Germany*, Gregg Revivals, 1992, p. 400.

② 关于德国境内犹太人情况的文献，最早是公元 321 年的一个判决，其中提及在科隆有组织完备的犹太团体，因此可以推断出，犹太人在德国境内的定居史还可以往前推很久，参见 Andrei S. Markovits, Beth Simone Noveck and Carolyn Höfig: "Jews in German Society", in Eva Kolinsky and Wilfried van der Will eds.: *The Cambridge Companion to Modern German Culture*, Cambridge University Press, 1998, pp. 86—87。

拉特瑙、文学家卡夫卡、哲学家维特根斯坦、法学家凯尔森、哲学家阿多诺、法学家黑勒和哲学家洛维特等等——在此甚至无须提及更长一串相关的著名德国犹太裔人物的名字，单举 1933 年纳粹上台之前 40 位获得诺贝尔奖的德国人中有 11 位是犹太人就可以说明问题了（1933 年德国境内的犹太人约有 20 万人，还不到总人口的 1%）。德国-犹太共生现象并非一番和谐的景象，而是伴随着漫长的德国排犹史，根据德国历史学家克劳斯·费舍尔的分析，这个问题的渊源甚至可以追溯至中世纪之前。① 德国犹太人作为"他者"的形象是德国人在历史中塑造出来的：德国人将犹太人和瘟疫或性病联系在一起，和各类犯罪行为联系在一起，正如他们将犹太人和自由主义议会民主制或资本主义市场经济联系在一起一样，他们将他们自身所厌恶的事物都归于他们所厌恶的犹太人。当然，德国人在将德国犹太人塑造为"他者"的同时，也在追求实现德意志民族自身的"同质化"。

种族主义和排犹运动从历史上和地理上来说，当然都不是近现代德国所独有的，抛开漫长的欧洲排犹史，在两次世界大战之间的东欧和巴尔干地区

---

① 参见［德］克劳斯·费舍尔：《德国反犹史》，钱坤译，江苏人民出版社 2007 年版。

的其他国家也存在着这种现象。[1] 在近现代德国，犹太人处在一个相对尴尬的位置上：英、法、美等国的犹太人很好地融入了世俗生活，东欧和中欧地区聚居的犹太人却仍然保留着旧的犹太传统——他们生活在所谓的“隔都”(Ghetto)的封闭环境中，德国犹太人的情况则介于两者之间。因为德国犹太人所在具体地区的不同，情况也有所不同：在德国西部，工业化和现代化程度较为发达的地区，和英国、法国一样，犹太人的犹太认同已经较为淡薄，并且已经成功地作为个体融入了当地的世俗化社会；但是在社会经济结构和德国西部有很大的不同的德国东部地区，与在东欧、中欧的其他国家一样，犹太人依旧保持着他们自身非常强的犹太传统和认同，和当地的德国人社区之间存在着明显的分离。不论是17世纪的斯宾诺莎还是19世纪的马克思，他们的看法都是希望通过推进犹太人(和犹太人所在社群)的世俗化进程来解决犹太问题。毕竟在水平和垂直两个方向的社会流动性都较低的铁板一块的传统社会中，犹太人作为“他者”是无法融入其中的，只有在所有人都被打散的和原子化的现代世俗社会中，犹太问题才有可能不再成为问题。

---

① 关于此问题可以参见[英]奥利弗·齐默：《欧洲民族主义，1890—1940》，杨光译，袁晓红校，北京大学出版社2013年版。

德国犹太人伴随着近现代德国现代化发展的进程也逐渐获得了自身的解放，到了魏玛共和国时期，对犹太人在法律形式上受到的歧视规定也被废止。在近现代德国，德国犹太人不仅在学术领域，而且在经济领域占据着与自身人口比例不相匹配的重要地位，自第二帝国后期以来，他们也开始在政治领域发挥影响。这招致非犹太裔德国人更多的敌视，并因为他们认为犹太人是为非犹太裔德国人所厌恶的现代化进程的获利者，所以将犹太人看作这个进程的实际推动者。因此等待犹太人的不是德国的现代化进程带来的最终解放，而是德国社会在不平衡的发展进程中所积累的矛盾在两次世界大战期间的经济政治危机中最终不可调和的爆发——“奥斯威辛（Auschwitz）”①。

① “奥斯威辛”集中营是当时纳粹用以屠杀犹太人的一个重要场所，此词后来常被用来指代纳粹屠杀犹太人的罪行。

第四章

德意志政治思想传统

是以批判原初的启蒙运动为目的和出发点的，但是并不是简单的反启蒙，更为确切地说，它是原初启蒙运动的一个反题。从德国古典哲学至今，笼统地说，康德—新康德主义和黑格尔—新黑格尔主义实为两条不同的政治思想脉络：前者属于欧洲启蒙运动这个大传统之内，后者属于德国古典哲学以来对欧洲启蒙运动的诸种理念的一种“反动”。后者大致就是本书所采用的在狭义上的德意志政治思想传统，但是前者也并非彻底无关乎这个传统，因为此二者正是在一种历史的互动中各自完全展现和实现了自身。所以正如桑希尔所说的：“在许多方面，康德式的思维在德国政治思想中占据的独特地位，使得大多数主要的后启蒙时代的观点都是通过与康德的观念存有根本分歧而得以发展。”①

再次，要树立一种学理探讨的态度，而非依靠所谓的“政治正确”去对待德意志政治思想传统。“政治正确”的态度往往将问题简化，这样一来就会压缩问题展开的空间。有些学者将德意志政治思想传统和德国政治现实联系在一起看待，这种看法虽然非常常见，但的确存在很多问题。如英国哲学家里奥纳德·特里劳尼·霍布豪斯在《形而上学的国家论》

① Chris Thornhill: *German Political Philosophy: The Metaphysics of Law*, Routledge, 2007, p. 3.

的序言中所说，他从德国飞机扔下的炸弹联系到黑格尔的哲学①；或者像美国学者彼得·盖伊在《魏玛文化》的序言中所说，在第二次世界大战中战死的德国士兵的背包里面会装着海德格尔的著作②。不过笔者并不同意纳粹像弗里德里希·梅尼克所认为的那样，是近现代德国历史发展过程中的一个偶然现象，或是对近现代德国历史正常发展的偏离，而是近现代德国历史发展自身特性和内在矛盾到一定阶段必然会出现的结果。纳粹思想或意识形态正是德意志政治思想传统——特别是其中激进派的保守主义思想——激进化和庸俗化的发展产物。但要明确的是，德意志政治思想传统与纳粹两者之间具有密切的关联性，而非简单的同一性。通过下面的考察，可以发现德意志政治思想传统除纳粹这种已在历史中转变为现实的可能性之外，尚有其他各种并未成为现实的可能性，纳粹思想及与之相关的激进派保守主义只是其中消极的面向。学者所要做的应该是从德意志政治思想传统中区分出“活的东西”与“死的东西”。

从影响上说，虽然作为一个实体存在的德意志政治思想传统似乎在纳粹德国之后（甚至是在纳粹

---

① 参见[英]L. T. 霍布豪斯：《形而上学的国家论》，汪淑钧译，商务印书馆 2011 年版。

② 参见[美]彼得·盖伊：《魏玛文化：一则短暂而璀璨的文化传奇》，刘森尧译，安徽教育出版社 2005 年版。

上台之后)就已经消亡了,但是它以新的形式在第二次世界大战后的德国,乃至世界范围内保持着积极的影响。现代英美政治思想传统也正是通过一种对德意志政治思想传统批判性的接受丰富和发展了自身:著名的英国政治哲学家以赛亚·伯林正是从德国政治思想中的反启蒙的浪漫主义思想中发现了多元论来作为自己的理论基础,期望以此克服西方传统中的一元论思想;英美宪法学界在第二次世界大战后通过对魏玛宪政危机和德国公法学理论的批判性吸收改进了自身,这不仅因为大量的德国学者在纳粹德国时期逃亡到英美国家,而且因为对纳粹罪行的纽伦堡审判引发了学界争议;第二次世界大战后在政治哲学界兴起的共和主义-社群主义思潮和德意志政治思想传统也有密切的联系①。

最后,从德意志政治思想传统范围内的不同政治思想理论家的政治思想中可以发现他们的思想中的"交叠共识",发现他们思想中存在许多相似之处。

---

① 根据德国哲学家阿尔布莱希特·韦尔默的观察:"(社群主义对自由主义的批判)的目标主要是自由主义理论的'原子式的'个人主义,这种理论被看作自由主义社会的病态和反常的意识形态反映。""对自由主义者来说,个人权利形成现代自由主义和民主传统的规范内核,而社群主义者宁可强调唯独能够使自由主义权利成为社群主义生活方式内部的一种生产性力量的那些被遗忘的条件或前提。"参见[德]阿尔布莱希特·韦尔默:《后形而上学现代性》,应奇、罗亚玲编译,上海译文出版社2007年版,第225页和228页。

正是他们这些有别于他国政治思想传统(尤其是西欧国家自启蒙运动以来所形成的自由主义政治思想传统)的非常明显的共同之处,才使得他们的政治思想实质性地联结为一个传统。这些相似之处,加以总结,便是以下5个德意志政治思想传统所具有的相互联系的特征①:

第一,德意志政治思想传统主要关注的对象是国家,或者说,国家在德意志政治思想传统中具有非常重要的地位。

国家之所以在德意志政治思想传统中一直处于非常重要的位置,一是因为日耳曼人在历史上一直以来具有的共同体主义或团体主义的传统,二是因为日耳曼人同时在历史上一直缺乏一个属于自己民族的强力国家。俾斯麦统一之前的德国,各种政治势力并存,诸多邦国一盘散沙。拿破仑法国的入侵战争揭开了德国人的遮羞布,将问题摆在了德国人面前。德国人为了完成"自由"与"统一",进而与相邻的民族国家抗衡,需要建立一个强力的国家以消除各种并存的政治势力使德国人团结一致。但是在普鲁士通过三次王朝战争完成统一后,帝国内部依

---

① 在此需多加留意的是,虽然下面的讨论将会使用一些相关学科中老生常谈的概念,诸如"政治"和"自由"等,但是这些概念在近现代德国政治思想语境中的使用或是有别于其他语境(特别是在盎格鲁-撒克逊语境)中的使用。

旧显示为一种碎片化的社会状态。俾斯麦在统一后推进的与天主教以及与社会主义工人政党的斗争，目的都是消弭这种多元分立。不过即使到魏玛共和国时期，德国社会依旧呈现为碎片化的状态。[①] 对于当时德国的情况，从民族上说，在东部有一定数量的波兰人，北部有一定数量的丹麦人，内部还散居着一定数量的犹太人等少数民族；从经济生活上说，东部是以容克贵族的传统农业经济为主，而西部则是以现代化的重工业商业经济为主；从宗教信仰上说，北方是以路德宗新教信徒为主，南方是以天主教信徒为主；从政治上说，从最右的极端保守主义、民族主义政党到最左的共产主义政党都不乏一定数量的支持者。各地区历史传统和发展水平不同导致的社会碎片化状态造成了严重的社会分歧。这些社会分歧原本在帝国时期的君主制框架之下尚可在一定限度内得到维持，但是在魏玛共和国的议会民主制度下，它们不但没有很好地被容纳在议会民主制度之内，而且还被议会民主制度放大了，所以当时的德国人和他们在历史上所要求的一样，召唤一个能替代议会民主制以及消除这种社会分歧状态的强力国家的出现。因此，可以在德意志政治思想传统中发现，他

---

① 参见李工真：《德国现代史专题十三讲：从魏玛共和国到第三帝国》，湖南教育出版社 2010 年版，第 57—68 页。

们不仅拒斥了自由主义思想中关于国家起源的社会契约论，而且还赋予了国家不同于它在自由主义思想传统中的多重含义："（对德国人而言，——笔者注）国家对于确定与体现促使社会有序的那些原则具有普遍的解释力，同时国家也包含了统一与团结的原则，这些原则都不可能是从具体的社会利益的基础上推导出来的。"①

在德意志政治思想传统之中，国家是系于民族或共同体的，是外在于而且高于和统摄社会的，是"权力"和"文化"的综合统一体。德国人的这种国家观显然有别于盎格鲁-撒克逊传统中的"国家只是个人私利的保护者"的观点。但在近现代德国政治思想中，国家还并不仅限于此。依照黑格尔的看法，国家是具有人格属性的和具有伦理和形而上维度的"地上的神物"。德意志政治思想传统中关于国家的观点在黑格尔的政治著作（特别是在他后期的《法哲学原理》）中得到了最为明确和最为典型的表述，按照黑格尔的说法，"国家是伦理理念的现实——是作为显示出来的、自知的实体性意志的伦理精神，这种伦理精神思考自身和指导自身，并完成一切它所知

① Chris Thornhill: *German Political Philosophy*: *The Metaphysics of Law*, Routledge, 2007, p. 2.

道的"[①]。有论者指出："通过对德意志帝国在《威斯特伐利亚和约》之后的没落状况所做的极为精彩的分析，黑格尔证明了上述主张（即'德意志已不再是一个国家'——笔者注）。他论证说，德意志已变成了一个由实质上彼此独立的单位组成的无政府状态的集合体。德意志只是一个意指'过去伟大'的称谓而已，但是作为一种组织制度，它已同欧洲政治的现实状况完全不相符合了。具体来讲，它肯定与现代君主制在法国、英国和西班牙所创建的统一的民族政府构成了鲜明的对照，因为意大利和德国并没有发展出这种统一的民族政府。然而，历史的分析显然只是一种手段，而不是目的。黑格尔的目的是要提出这样一个问题，即德意志如何才能成为一个真正的国家？"[②]德国人的这种国家观并非一种虚幻的意识，而有其在近现代德国历史中的渊源，"黑格尔的哲学给'国家'这个词加上了神圣的灵光；这在一个英国人看来纯属滥用感情的结果，而对德国人来说它却表

① [德]黑格尔：《法哲学原理：或自然法和国家学纲要》，张启泰、范扬译，商务印书馆 1961 年版，第 253 页。

② [美]乔治·萨拜因：《政治学说史》（第四版·下卷），[美]托马斯·索尔森修订，邓正来译，上海人民出版社 2010 年版，第 319—320 页。

达了他们真实而迫切的政治愿望”①。

不过后来捷尔吉·卢卡奇对黑格尔的国家观有过批判:“黑格尔和马克思是在现实本身上分道扬镳的。黑格尔不能深入理解历史的真正动力。一部分原因是,在黑格尔创造性建立他的体系时,这种力量还不能完全看明白。结果他不得不把民族及其意识当作历史发展的真正承担者。”②卢卡奇的分析是承继于马克思对黑格尔的批判,但是马克思对黑格尔法哲学的批判中又吸收了黑格尔对于市民社会的批判。不过,在黑格尔之后,各类马克思主义流派都认为人民实为国家之基础和目的,但是他们这边的“人民”实为复数的“类存在”,而非单数的“个体”。

此外,德意志政治思想传统中的国家观又可以联系到他们特殊的自由观,即在制度内的或符合秩序的自由。这种自由也被认为是“内在的自由”,正如有论者在谈及英法启蒙所指出的:“反观德意志启蒙思想的特色是重内省性和内向性,对人的生命价值做出较深沉的思考反省。在肯定人自身的价值(尤其自我承担道德抉择)的同时,亦承认和确立宗

---

① [美]乔治·萨拜因:《政治学说史》(第四版·下卷),[美]托马斯·索尔森修订,邓正来译,上海人民出版社 2010 年版,第 337 页。

② [匈]捷尔吉·卢卡奇:《卢卡奇文选》,李鹏程编译,人民出版社 2008 年版,第 18 页。

教信仰的意义。它既接受科学与理性的力量，亦坚持信仰的不可扬弃。相对英、法两国而言，德意志启蒙思想较少针对建制。相反地，它要内在于建制而寻求开放与容忍。”①德国政治思想理论家们，正如桑希尔所说的，“通常将国家界定为人类自由的前提条件，而并非它的束缚或敌人”②。黑格尔认为：“自在自为的国家就是伦理性的整体，是自由的现实化；而自由之成为现实乃理性的绝对目的。”③但是德国人的这种自由观与当时欧洲的主流意识形态大有区别：“在德国的政治中，个人权利的理念在以往和当时对德国人的政治觉悟所具有的作用都是很微弱的，远远比不上它对法国人和英国人的思想所起的作用。自然（或天赋）权利哲学作为一种理论当然为德国人所深刻了解，但是它在某种意义上只限于小圈子而且也只是个学术问题，正如德国自由主义运动在 1848 年所证明的那样。”④而“在法国和英国，自然（或天赋）权利曾是为反对君主制的民族革命所做

---

① 郭少棠：《权力与自由：德国现代化新论》，华东师范大学出版社 2001 年版，第 23 页。

② Chris Thornhill: *German Political Philosophy: The Metaphysics of Law*, Routledge, 2007, p. 2.

③ [德]黑格尔：《法哲学原理》，张启泰、范扬译，商务印书馆 1961 年版，第 258 页。

④ [美]乔治·萨拜因：《政治学说史》（第四版·下卷），[美]托马斯·索尔森修订，邓正来译，上海人民出版社 2010 年版，第 337 页。

的一种辩护，可是在德国却不曾发生革命。德国人在此前也从未认为维护私人判断和个人行动自由以对抗国家是民族本身所具有的一种至关重要的利益”①。德国人的这种自由观又可以和古希腊人关于“城邦与人”的看法关联起来，不过马克思在《〈黑格尔法哲学批判〉导言》中指出：“那些好心的狂热者，那些具有德意志狂的血统并有自由思想的人，却到我们史前的条顿原始森林去寻找我们的自由历史。但是，如果我们的自由历史只能到森林中去找，那么我们的自由历史和野猪的自由历史又有什么区别呢？”②

黑格尔之后，德意志政治思想传统中的后续理论家们都围绕着国家这个对象进行自己的理论构建，甚至还产生了“国家学”这样一门专门研究国家及相关问题的学科。在德国国家学之中，大部分学者都倾向于认为国家应该是实质性的，而非简单的形式上规范原则的产物。诸如对卡尔·施米特而言，国家是关乎政治的，而政治概念又是世俗化了的

---

① [美]乔治·萨拜因：《政治学说史》（第四版·下卷），[美]托马斯·索尔森修订，邓正来译，上海人民出版社，2010年，第337页。

② [德]卡尔·马克思、[德]弗里德里希·恩格斯：《马克思恩格斯全集》（第三卷），中共中央马克思恩格斯列宁斯大林著作编译局译，人民出版社1960年版，第235页。

神学概念。[①] 第二次世界大战后，新康德主义哲学家恩斯特·卡西尔则试图通过生平最后一部著作《国家的神话》来破除德意志政治思想传统中这个“国家的神话”[②]。

第二，德意志政治思想传统“通常将权力的自由或意志论的一面与法律的理性或规范必然性的一面看成是二律背反的，它总是被要求在任何确定的规范性背景之外对权力的形成做出说明”。[③]

这个特征是和第一个特征中德意志政治思想传统中的理论家们对国家的定义紧密联系在一起的。虽然从早期的德国法学家普芬道夫到康德时期的德国知识分子都对自然法和社会契约论做过非常深入和有影响力的研究，不过后来的德意志政治思想传统却是逐渐背离了这些启蒙运动范围内的自然法和社会契约论思想。德国政治思想中一般都倾向于认为“公法”和“私法”所要处理的问题是有“质”的而非“量”的区别，因此无法用一种像社会契约这样的契约性行为来规定国家及相关问题。

这个特征的实质正是后来由马克斯·韦伯总结

---

① 参见[德]卡尔·施米特：《政治的概念》，刘宗坤等译，上海人民出版社 2004 年版。

② 参见[德]恩斯特·卡西尔：《国家的神话》，范进译，华夏出版社 2003 年版。

③ Chris Thornhill: *German Political Philosophy: The Metaphysics of Law*, Routledge, 2007, p. 2.

的贯穿近现代德国政治思想的“正当性/合法性”(Legitimität)的二律背反问题。最早“正当性”问题有神学上的背景,如卡尔·施米特在《政治的概念》中所论及的,“现代国家理论的所有重要概念都是世俗化了的神学概念”①,只是在神学理论和形而上学理论逐渐衰退后,“正当性”问题才转化为以历史-社会进路研究的对象。当然同时实证主义的兴起使得对“合法性”问题的研究也日益得到重视和扩展。因此这个特征又和下述第五个特征产生了联系,依照桑希尔的观察:“在处理正当性这一问题上,德国政治思想通常与其他政治哲学传统中所流行的规范的或社会契约论的趋向,尤其是和英国、美国的很不同,德国政治思想通常对正当性的纯粹规范性的分析充满了怀疑,它通常以历史学的术语,或者像最近一样以社会学的术语来处理正当性的问题。”②这也就是施米特所说的,自由主义议会民主制不是(也不可能)从自由主义中产生出来的。这也正直击实证主义法学的“七寸”——有关产生整个规范系统的“元规范”何以产生的问题。若要合适地解决这个二律背反问题,必须首先要将“正当性”和“合法性”视

---

① [德]卡尔·施米特:《政治的概念》,刘宗坤等译,上海人民出版社2004年版,第24页。

② Chris Thornhill: *German Political Philosophy: The Metaphysics of Law*, Routledge, 2007, p. 3.

为两个领域的问题。

德意志政治思想传统中的“正当性/合法性”的关系问题又是和人文主义与反形而上学两个倾向联系在一起的，展现出一种发展自德国古典哲学的“人本主义”(Anthropologismus)倾向。正如桑希尔所指出的：“它把对正当状态的探索与人类本质、人类自由与人类自我形成的探索结合在一起。”① 这是因为他们认为“从错误的或简单的理性因果性或必然性的结构中派生出秩序之源，使得理性的或形而上学的法压制了正当性中的基本的自由层面”。② 德意志政治思想传统中的理论家们“不断地在有关法律的形而上学观点中认识到自相矛盾的要素，也不断地想脱离形而上学的预设来确定法律的起源，将正当性的来源建立在完全自由的基础上”③。依照桑希尔的看法，“在整个德国政治哲学史中，德国政治哲学理论学派之间所发生的争论通常都在于，一个学派力图指责另一学派的成员是形而上学家，即作为理论家，他们只能在形而上学的意义上为人法与人类自由的状态提供一种矛盾的、虚构的或贫乏的解释”④。但同时与之相悖的是，他们自己为了解释“正当性”问题，又不得不在其中偷偷地加入形而上学的

---

①②③ Chris Thornhill: *German Political Philosophy: The Metaphysics of Law*, Routledge, 2007, p. 6.

④ Ibid., p. 341.

“私货”。这是因为“正当性”问题必然是有其形而上学上根源的，若舍弃其形而上学的根源，结果只能有二：一是陷入虚无主义，二是在具体的社会历史状况中寻求一个着力点。

第三，德意志政治思想传统具有一种反对“普遍主义”的“特殊主义”倾向。

我们可以通过著名的英国政治哲学家以赛亚·伯林对康德之后的反启蒙运动、狂飙突进运动等发生在德国（主要是在普鲁士）的思潮的述评认识到赫尔德、谢林和席勒等人的思想特质——一种对当时以法国为代表的启蒙观念的反对。如上文所述，德意志政治思想传统是在与欧洲主流观念的相互交往和对抗中塑造自身的，而且这也可以联系到第一个特征，即德意志人试图将国家这一人格作为政治秩序的凝聚力的中心，而反对瓦解这个目的的其他观念。因此，在德意志政治思想传统中，德意志政治思想理论家对从天主教、自然法到资本主义等欧洲历史上的那些所谓的“普遍主义”观念都有一种深刻的怀疑。

在历史上，上述这些“普遍主义”的观念在德国都一直处在边缘的地位。正如德国历史学派的教条之一便是“特殊性可以上升为普遍性，而普遍性无法还原为特殊性”，这正说明了他们相较于抽象的、无内容的观念更倾向于具体的、有内容的观念。德意志政治思想传统的这个特征，并非按照通常理解的简单的“普遍性”与“特殊性”之分，因为在这个传统中的政治思想理论家们通常都认为他们是在用一种更为“高级”的、有内容的“普遍性”克服没有内容的、抽象的“普遍性”。按照薛华的理解，这正如黑格尔所强调的“具体的普遍性”的特质：“这种普遍是具体的普遍，因而是有内容的，有其现实性的，它必然显现出来，进行分化或‘判断’。”①

但是马克思在《德意志意识形态》中一针见血地指出，在德国古典哲学中，“‘人自身’实际上是‘德国人’”②。德意志政治思想传统中的这种所谓有内容的“普遍性”对无内容的“普遍性”的拒绝只是基于当时德国政治现实中的“特殊性”对同期西欧主流观念的“普遍性”的拒绝。但是他们的这番努力却为后来的政治哲学打开了另一条非常不同的，同时也非常有意义的思路：他们的思考让人们充分认识到，自启蒙运动以来西欧政治思想中所形成的“普遍性”观念并非像他们自身所设想的那样普遍。当然也可以认为他们是在一个特殊性的语境中尝试

① 薛华：《黑格尔、哈贝马斯与自由意识》，中国法制出版社 2008 年版，第 68 页。

② [德]卡尔·马克思、[德]弗里德里希·恩格斯：《马克思恩格斯全集》(第三卷)，中共中央马克思恩格斯列宁斯大林著作编译局译，人民出版社 1960 年版，第 48 页。

推进一种普遍性的工作，不过这就有点见仁见智了。

第四，在德意志政治思想传统中，政治思想理论家们通常对现代性社会、资本主义、技术、原子化的个人和自私自利等一系列相互关联的范畴有一种深刻的敌视。

这个特征是与第一个特征联系在一起的，这不仅是因为如桑希尔所提及的在德国政治思想理论家们看来，“私人利益，尤其是私法凭其自身并不能为政治秩序提供基础”①，而且像有论者所指出的：“黑格尔采取了一种把私法同公法或宪法加以对勘的进路，而这是英国的政治思想闻所未闻的。这相当于他后来把国家与市民社会进行对勘的进路。”②“黑格尔继续根据公法与私法的区别来解释封建国家与现代国家的区别。他认为，封建主义是一种把公职当成与私有财产一样可以买卖的私人差事的典型制度。与之相反，国家的出现是以真正的公共当局的产生为基础的，而这种当局不仅被认为在性质上高于包含私人利益的市民社会，而且还被认为有能力

---

① Chris Thornhill: *German Political Philosophy*: *The Metaphysics of Law*, Routledge, 2007, p. 4.

② [美]乔治·萨拜因:《政治学说史》(第四版·下卷)，[美]托马斯·索尔森修订，邓正来译，上海人民出版社2010年版，第321页。

指导整个民族去完成它的历史使命。”[①]

他们对现代性社会、资本主义、技术、原子化的个人和自私自利等一系列相互关联的范畴的拒斥不仅是因为他们质疑“由资本主义刺激产生的社会上各自分离的经济自主性的力量何以能统一到一种政治机构下?”[②],而且桑希尔还指出:“有一种信念在德国后启蒙时代的政治思想中占据着统治地位,即启蒙当中所存在的关于以契约的方式约束法治国家与私法自主性的自由主义理念,导致了对政治生活的一种原子主义式的、贫乏的分析,它们通过把不可靠的、破坏性的自由观念运用于结构复杂的国家机构,从而减少了政治的自由。”[③]

此外,这个传统中的德国政治思想理论家还倾向于认为现代性社会、资本主义、技术、原子式的个人和自私自利等一系列相互关联的范畴是导致人类异化和现代性-虚无主义的原因。在近现代德国,不论是保守主义者还是社会主义者,都对资本主义这种生活形态持有拒斥与否定的心态,他们所希望的是克服、超越或扬弃这种生活形态,诸如早期的浪漫

---

① [美]乔治·萨拜因:《政治学说史》(第四版·下卷),[美]托马斯·索尔森修订,邓正来译,上海人民出版社 2010 年版,第 338 页。

② Chris Thornhill: *German Political Philosophy: The Metaphysics of Law*, Routledge, 2007, p. 9.

③ Ibid. ,p. 129.

主义者便是这般认为的："与原子式个人主义相比，他们提供了社会生活的有机概念，和把国家看成世俗上帝的神秘观点，认为国家在自身当中统一了个人的精神力量，并能指导它们达到更高的理性和道德目标。"[①]这个特征及其原因在黑格尔对市民社会的批判中则显示得非常清楚[②]，在马克思对资本主义的批判和从尼采到海德格尔的德国思想家们对现代性社会的批判中也表露无遗，即便是在法兰克福学派对晚期资本主义社会的诊断中也可以发现德意志政治思想传统中这种对现代性社会、资本主义、技术、原子化的个人和自私自利等一系列相互关联的范畴所持有的消极态度的痕迹。

正是在德国政治思想这个特征的影响下，在近现代德国知识分子中间存在着一种"历史中的文化诱惑"。尼采和特赖奇克等人在德国和西欧国家之

---

① ［意］圭多·德·拉吉罗：《欧洲自由主义史》，R. G. 柯林伍德编译，杨军译，吉林人民出版社 2011 年版，第 107 页。

② "黑格尔在这里更详细地展示了市民社会的主要特点和性质是特殊与普遍的矛盾，个人和社会的矛盾。这种矛盾表现为普遍虽然支配着特殊，社会虽然支配着个人，但特殊却表现为脱离普遍，个人却表现为游离于社会。换句话说，社会和个人、普遍和特殊的关系不是直接表现为内在统一，而表现为外在关系。也可以这样来表述：市民社会的整体性，表现为整体的非整体性，市民社会人的社会性表现为人与人的非社会性，表现为孤立个人的杂多性。"参见薛华：《黑格尔、哈贝马斯与自由意识》，中国法制出版社 2008 年版，第 68 页。

间做出了“文化”和“文明”的区分。作家托马斯·曼对这个区分的解释是：德意志特性的“文化”是和西方国家的“文明”相对立的，前者是感性的、更具有人性和自由的、非政治的文化；后者则是理性的、机械的和政治化的文明，在这两者之间存在不可调和的矛盾。[①] 不过他们所谓“非政治的文化观”中的“非政治”只是针对西方国家基于政党议会制度的政治行为，而并非纯粹的“非政治”，因为他们不仅通过文化实现认同，而且还通过这种“文化”的维度为政治活动中“权力”的维度提供道德或伦理上的论证。[②] 有论者指出：“对于德国人而言，在传统上，‘文化’这一概念完全不同于其他国家对此概念的理解。事实上，很多人认为，正是对‘文化’所进行的历史理解存在着差异，才在事实上导致产生了德国真正的‘特殊道路’。”[③]

---

① 有论者指出：“在托马斯·曼的语汇里，‘文明’特指与‘文化’相对立的英法现代文明。它一方面包括英国以物质主义、功利主义为基础的现代资本主义，另一方面包括法国大革命以后的共和、议会、民主政体。”参见谷裕：《由〈魔山〉看托马斯·曼对保守主义的回应》，载曹卫东主编：《危机时刻：德国保守主义革命》，上海人民出版社 2014 年版，第 289 页。

② 按照与韦伯同时代和同政治立场的民族自由主义者弗里德里希·瑙曼的看法，应该在德语里删除“文化”(Kultur)这个词汇，因为它凝聚了太多非自由主义的含义。

③ [英]彼得·沃森：《德国天才 1：德意志的命运大转折 第三次文艺复兴》，张弢、孟钟捷译，商务印书馆 2016 年版，第 48—49 页。

第五，德意志政治思想传统中最为主要的研究进路或方法论是历史-社会进路，而非分析-规范进路。

历史-社会进路是通过对所谓康德启蒙式政治哲学的克服而实现的，即“对康德启蒙的反对主要表现为以下两方面：第一，从作为个体的人那里来演绎自由根本就不能理解人是如何在具有公共结构的历史语境中形成与实现的；第二，从形式规则中演绎自由根本就不能认识到人是如何才能在那些逐步发展且不带任何抽象强制的规则之下自由地生活”①。桑希尔观察到：“（从德意志政治思想传统的视角看来，——笔者注）社会的宪政结构和政治建制的正当性只能被规范分析无力地刻画。”②

分析-规范的进路就是将概念置于逻辑之中进行推演，通过命题系统来拒斥形而上学和构建普遍必然性的秩序，这是和欧洲启蒙运动以来的自由主义政治哲学传统密切相关的。与前者相反，历史-社会的进路则是试图将研究的问题置于历史-社会的语境之中，用历史的逻辑或者事实的逻辑去研究相关的问题，这是和德国古典哲学出现以来的政治哲学传

---

① Chris Thornhill: *German Political Philosophy: The Metaphysics of Law*, Routledge, 2007, p. 129.

② Chris Thornhill: *A Sociology of Constitutions: Constitutions and State Legitimacy in Historical-Sociological Perspective*, Cambridge University Press, 2013, p. 8.

统密切相关的。与英美“政治哲学”的正当性证成方式不同，德意志政治思想传统中的历史-社会的研究进路“倾向于描述那些导致正当性产生或者丧失的历史与社会过程，根据其独特的社会与历史环境来解释正当性的性质。正是这一原因，抽象的或非历史的规范理论传统在德国从没有完全占据过核心地位，德国政治理论难以与起源于历史学中的解释性的方法论相分离”①。所以可以发现在德意志政治思想传统中，政治思想理论家通常是运用社会学、历史学、法学，甚至是形而上学或神学的方法来对待政治哲学问题。

① Chris Thornhill: *German Political Philosophy: The Metaphysics of Law*, Routledge, 2007, p. 3.

第五章

近现代德国的政治与社会

当代社会学理论中有社会分化、社会分层和代际研究等好几种非常“时髦”的理论，其实在尼古拉斯·卢曼的社会系统论中这些“时髦”理论只是作为基础性理论而已，并未见得有多少时髦之处。大致归纳一下，卢曼的理论可以分为横向与纵向两条坐标，分化和分层就对应于这二者，代际研究也可以和对系统的时间性考察结合起来。

分化是指社会中的各个领域依据其特殊的功能开始逐渐专门化（诸如在政治权力中立法、行政和司法的三权分立，以及在学术中各个学科及与之相关的教职、教学任务等的分化），这有其趋势上的合理性——一种社会分工的合理性，这在马克思和马克斯·韦伯的研究中都可以见到。由此可以认识在一种工厂流水线领域中的分工与合理化；或者了解到功能主义艺术风格的建筑物（像大的储油罐一般）从其外观就可以知道其功能，或者说其外观就是为了符合功能的观念的内在机理。

分层是指社会的主体范围的扩大，参与度与差别度的提高。这是现代化进程的表现，特别可见于科耶夫关于拿破仑和现代国家建立的讨论之中。拿破仑时代的重要意义在于：首先，拿破仑自我任命式地成为皇帝，取消了原先欧洲的君主血统继承制度，使得整个欧洲王朝制度发生了动摇；其次是经过法国大革命之后，君主贵族被绞死，人民成为一国之主人，人民主权的观念得以确立。虽然在普鲁士王国，历代国王也试图按照启蒙精神建立一套基于专业军官团和专业官僚制度的开明君主专制，但是当遇到拿破仑法国这种更为彻底的现代民族国家的时候，普鲁士只能相形见绌了。有人试图将欧洲这一时代的各国格局与春秋战国时候相类比，虽然这并不完全妥当，但是一个国家如果在那个环境里面不变法图强甚至是不彻底变法图强的话，那结果是不言而喻的。当然，经典马克思主义所谈及的关于资产阶级与无产阶级的划分也是一种特殊的分层理论。这和上文所述的欧洲政治思想范畴的三次转变有关，这个进程是和欧洲现代化进程相互交织在一起的。

如果将这种分化和分层放置在近现代德国的语境中，那么会为政治与社会问题的研究提供不同的研究框架。的确，在所谓社会的概念之下，有诸多值得讨论的对象，诸如经济、教育、大众文化或者性别问题等等，但若没有合适的研究框架，这些材料都将不能得到很好的处理。在研究近现代德国社会所透显出来的政治思想之前，必须了解其基底性的成分。“民族性格”在很大程度上是一种凝聚了历史-社会的缓慢变化的沉淀物。达伦多夫的讨论有助于理解近现代德国的情况。对某些有形事物的考察毫无疑问是作为对无形事物进行考察的前提。因此在研究近现代德国政治与社会思想的时候，就必须先要去了解许多社会-历史上的条件。

达伦多夫在对“德国问题”的事后看法中指出：“我们已经将德国问题界定为对德国转变为自由民主的一个阻碍。自由民主是一条政治原则。但是历史-政治结构并不是悬浮在半空中，任何人都可能知道的：在西方意义上的民主显然并不能在刚果适用。为什么这里应该是‘显然’呢？可以给出的理由——比利时殖民者方面对独立缺乏准备，刚果人民受教育水平较低，经济困难，当地缺乏精英——并不一直是让人信服的，但是它们至少表现出关于新国家的人民所认识的这个事实：宪法需要一些基础方才能实现。政治的宪法需要——在一定层面上它们不能成为有效的，除非这部宪法以特定的方式组织社会——确定的社会结构。这里和其他地方一样，并不存在简单的单向的决定；被给定的社会结构并不创造它们自身的宪法（无论如何都是一个最为不确切的隐喻），但是社会结构对政治建制的有效性设置了非常狭隘的边界。如若不根本上改变越南社会，一个人可以给越南以联邦德国的宪法，但是并不能使它以同样的方式运作，或确实使它完全生效。”①

达伦多夫非常有意义地指出，以下四点将构成从社会政治维度进行考察的理论出发点②：第一、在政治的宪法和社会结构之间的关系上，起决定作用的是这个社会生活中个体的参与方式；第二、公民权上的平等对社会性地建立自由的宪法的条件而言，是必要的，而非充分的；第三、与民主理论最为相关的是反映它们的同一性或差异性的社会利益和集团；第四、在基础、结构和根底之外，仍弥漫在整个构造物中的是表面上甚至更为模糊的“氛围”（公共美德）。

达伦多夫认为：“自由民主制只有在这样的社会才会有效：第一、平等的公民权利已经普遍化；第二、在所有建制的秩序中，冲突被承认和理性地管制；第三、精英们反映了社会利益的色彩和区分；第四、公

---

① Ralf Dahrendorf：*Society and Democracy in Germany*, Gregg Revivals，1993，pp. 27—28.

② Ibid.，pp. 29—30.

共美德是人民的支配性的价值取向。”①这其实已经涉及政治的建制性与文化性两者共同起作用的这一重要观点。可以认为达伦多夫在这里对之前的传统进行了反思。

当然，达伦多夫的基本论点是近现代德国并不符合这样的一种状况，所以才会产生“德国问题”，而且他的这种经验性的归纳也是取自近现代德国的状况，所以在试图研究近现代德国的政治与社会状况的时候就可以借助他的这些分析进行反向的考察。在一定程度上，达伦多夫受制于第二次世界大战后德国政治环境的影响，将自由民主制和现代社会联系在一起，这也是不得不留意的。

如何妥帖地描述近现代德国的政治与社会，虽然前面几章也有所涉及，但这真的是一个非常复杂的问题。不过正如彼得·沃森所描述的：“它的成立并非人们争取来的，而是现存德意志各邦君主妥协的产物。这些君主的王冠则一直被保留到1918年。对于现代思维而言，此举导致了一些特别的后果。其中之一是帝国拥有一个毫无权力的国会、无法践行执政职责的政党、选举结果无法左右政府组织结

---

① Ralf Dahrendorf: *Society and Democracy in Germany*, Gregg Revivals, 1993, p. 31.

构的选举制度。"[①]换言之就是：近现代德国是一个只有现代国家形式而无现代国家实质的国家，虽然整个国家制度都在寻求一定程度上的改革，但是整个建制和文化上残存有太多的前现代因素。可以发现德国虽有君主立宪制，有议会，有各种政党，有成熟的官僚体系和司法体系，但都只是用于装点门面，在政策的制定和执行上其实都是无法有效实行的。这些批判是从结果去寻找（或试图提出）原因，但是在1914年之前很少有人会去质疑这套体制，当时很多人赞美这套体制都来不及。不能因为黑格尔和韦伯等人对于这些体制的正面表述而认为它们还不错，因为黑格尔和韦伯其实是在一个应然而非实然的层面上指出了这些体制的合理性。

在这个传统意义上的国家并未彻底解体的地方，社会也只能畸形发展，但是这在德国却引发了文化艺术和科技方面的巨大繁荣。如奥斯特哈默所说："市民之所以能够通过文化主张其权利、彰显其优势，是因为前现代精英阶层的价值在于其他领域——这并不排除贵族的特殊专长和技能，比如海顿及莫扎特时代跨阶层的维也纳音乐领域。无家世渊源者能够跨越社会阶层成为一国之文豪大哲，成

① ［英］彼得·沃森：《德国天才3：现代性的痛苦与奇迹》，王琼颖、孟钟捷译，商务印书馆2016年版，第7页。

为通过自我修养实现自我完善之人生理想的楷模，仅在某些条件下才是可能的。其中最重要的条件之一就是德国大力推动的‘学术等级的国有化’：在国家的庇护下，‘职业’和‘教育’长期挂钩，为人们创造了在‘国家公职领域’的上升机会，而这些机会不遵循自由劳动市场规律。”①这其实正表达了市民阶层无法在政治上，而只能在文化艺术和科技领域中实现其自身发展的事实，可以将之解释为一种人才的“溢出效应”。因此，在感叹近现代德国在文化艺术和科技领域的巨大繁荣的同时，也要认识到对市民阶层来说为数不多的出路都是基于社会上升渠道受限的情况。不过市民阶层本身又因为不得不依靠或依附国家而实现其自身的发展，因而他们对国家是只会唱赞美诗而缺少足够批判的。

英国历史学家雷塔拉克在《威廉二世时代的德国》中指出了德意志第二帝国后期出现了奇怪的双重面向：“有些历史学家认为，俾斯麦不仅主宰了自己的内阁，而且威廉二世也倾向于传统政策。因此，他们的作品就成为独裁政府的静物写生：普鲁士带尖头盔、俾斯麦的丰功伟绩、威廉二世至高无上皇权、铁血宰相忧心忡忡地审视着1918年后等待着德国的混乱未来。但

① ［德］于尔根·奥斯特哈默：《世界的演变：19世纪史》，强朝晖、刘风译，社会科学文献出版社2016年版，第1417页。

是，另外的历史学家却采取了完全不同的看法，将经济、社会、知识和文化兼收并蓄。他们笔下的德国生机勃勃、自信满满，以惊人的速度稳步发展——至少与此时正常水平相比。最显著的标志就是火车、工厂、资产阶级高顶礼帽和现代油画。”[①]这双重面向正说明了当时德国的政治与社会情况，也就是一种新旧错置的时代，这是政治与社会未能彻底变革的产物。

在威廉二世时代，统一后的德国实现了从农业国到工业国的转变，经济飞速发展。1888 年至 1914 年，德国人口从不到 5000 万增长到 6800 万。从 1882 年到 1907 年，农业人口的比例从 42％下降到 28％，工业和手工业人口的比例则从 35％增长到 42％，贸易、商业和运输业人口的比例从 9％增长到 13％。农业、工业和商业在国民生产净值（NNP）中的比例也发生了根本性变化。[②]

伴随着产业工人阶级的出现和壮大，工会和社会主义团体兴起，经济上（特别是煤炭、钢铁和化学等行业）出现了大量的垄断经济组织，大经济集团开始出现。在第一次世界大战结束前，社会民主党人领袖弗里德里希·艾伯特和大财阀斯丁尼斯、军队代表威廉·格勒纳等达成了一系列协议，并合谋杀

---

① ［英］詹姆斯·雷塔拉克：《威廉二世时代的德国》，王莹、方长明译，北京大学出版社 2013 年版，第 5 页。

② 同上，第 26—29 页。

害了左翼激进派领袖卢森堡和李卜克内西。与此同时,“白领阶层和专业技术人员的异军突起预示着第三产业的地位日益重要。地方政府的结构也越来越复杂,公务员数量直线上升。相关行业也从中直接受益,如法律行业与医疗行业。商业也需要更多的白领雇员”①。大、中、小学的入学人数激增,在一定程度上意味着精英主义向大众主义的一种向下的拓展,即所谓市民阶层的形成。但问题是“并没有出现打破阶级界限的社会阶层间大流动”②,政治权力等依旧掌握在以容克贵族为首的小部分人手中。

德意志第二帝国本身就是一个通过战争产生的国家,如上文所述,内部的差异性、冲突和矛盾甚多。在第一次世界大战后,德国人无法消化战败所带来的政治经济危机,甚至之前因为高速发展所遮掩的危机也得到进一步放大,所以正如李工真所讲的,在魏玛德国时代出现了“社会环境的碎片化与政治组织的新集合化”③,然后问题则是“由于战后内部和外部的一系列危机,由于在‘相对稳定’岁月中社会经济上的行动余地的缩小,这些进步的社会改革立即遭遇

---

① [英]詹姆斯·雷塔拉克:《威廉二世时代的德国》,王莹、方长明译,北京大学出版社 2013 年版,第 33 页。

② 同上,第 38 页。

③ 李工真:《德国现代史专题十三讲:从魏玛共和国到第三帝国》,湖南教育出版社 2010 年版,第 57 页。

到了危机。这样，民主制度的政治现代化的进步意义在德国终于变成了一纸空文，它实际上只是在使矛盾更加表面化、激烈化，并对社会冲突的效果起着放大的功能，而丝毫无助于矛盾的缓解”①。

在一定程度上，可以认为近现代德国社会的成功转型是依靠外力，即第二次世界大战的战败。不过第一次世界大战战败与之后的经济危机、纳粹的一体化进程等在很大程度上改变了之前尚处在滞留期的前现代国家的政治与社会结构，诸如联邦制内各个邦国多元分立的壁垒（自成一个个小的单元）、社会流动性不足等。所以有些反讽的是，第二次世界大战后联邦德国的成功转型在一定程度上也得益于之前的毁灭性行为。

---

① 李工真：《德国现代史专题十三讲：从魏玛共和国到第三帝国》，湖南教育出版社2010年版，第98页。

第六章

德意志第二帝国、工业革命与第一次世界大战

如果试图研究政治与社会的问题，必然要涉及经济领域，虽然经济领域作为一个相对独立的领域，自有其内在的规律或逻辑，但是社会系统之下的诸子系统之间总是会相互影响，只是在系统之间或之内“权力”或者“信息”的传递方式不同。虽然并非如经典马克思主义观点所认为的那样“经济基础决定上层建筑”，但为了讨论的便利，在此从研究经济领域的问题开始。

如果按照经典马克思主义的研究进路，也就是经济-唯物史观的研究进路，即通过相应的经济-唯物史观的研究方法对当时社会经济领域进行考察以揭示相关的问题，那么这和本书之后的研究就有所差别了。某些历史学家和相关其他学科的学者①基于“社会存在决定社会意识”的研究进路的研究，虽然大方向上是正确的，但同时某种程度也可认为是教条的和粗糙的。在一定程度上，“社会意识”的确是可以还原为“社会存在”，但是这种还原是以牺牲相关事物的复杂性为代价的。这些事物的复杂性并非全然不重要，因为它往往与这些事物的本质属性密切相关。政治哲学的研究进路当然不能忽视社会和经济的发展变化对政治领域所造成的影响，但同时它也不应该仅仅拘泥于此：不仅不能将“社会意识”分离于“社会存在”，成为“虚幻意识”，而且还必须要正视，正是因为与“社会存在决定社会意识”相伴随的是“社会意识反作用于社会存在”，两者共同作用才构成复杂的社会历史现象。

当然，所谓的对近现代德国的经济方面的考察并非简单地对诸如钢铁产量、煤矿产量、铁路里程数、火车车皮数量、商船吨位等各类经济数据进行考

---

① 在这方面，除非常具有代表性的民主德国历史学家维纳·洛赫的《德国史》（[德]维纳·洛赫：《德国史》，北京大学历史系世界近代现代史教研室译，生活·读书·新知三联书店1959年版）之外，还可以参见 Jürgen Baron von Kruedener ed.: *Economic Crisis and Political Collapse: The Weimar Republic 1924—1933*, Berg Publishers, 1990; Klaus J. Bade ed.: *Population, Labour and Migration in 19th- and 20th-Century Germany*, Berg Publishers, 1987。

察，而是要考察各类经济数据背后的、所透露出来的“质”上的问题。如果用舰队的吨位来衡量实力的话，那么根本就不能解释很多现代海战的结果，如中日甲午海战或者日俄对马海战之类的结果。诸多的研究领域因为其偶然性（换言之，变量太多），很难准确地量化考察，只能大致地描述。在多元自发主体相互作用的情况下，事情将变得更为复杂。所以下面的研究以质性研究为主。

第一次工业革命是指于18世纪在英国诞生的技术革命，在第一次工业革命中，机器生产代替了原先的手工业生产。这不仅是一场技术革命，而且也是非常具有马克思主义性质的一场社会革命。正如马克思所认为的，发生在法国的大革命和发生英国的第一次工业革命两者在一定程度上具有同等的重要意义。当然，在诗人亨利希·海涅看来，在德国则是发生了哲学革命。

第二次工业革命，是在19世纪中叶，各种新技术被运用于工业领域，人类进入电气时代。在第二次工业革命中，世界政治经济格局发生了很大的变化，像德国、美国和日本等国家奋力地缩小了和老牌强国英国的差距。一定程度上，这些后发展国家利用了所谓可以不用淘汰旧设备和技术而直接使用新设备和技术的后发优势。后发展国家在经济上获得了一定发展之后，自然开始寻求对既有世界秩序的改变。

但是在此也要清楚，近现代德国在统一后的崛起并非全然是因为使用了新技术，或者是产业升级之“弯道超车”，除了法国的巨额战争赔款外，在很大程度上也是因为充分地开发了其自身之前未能充分发展的第一次工业革命的潜力，在诸如矿产钢铁等重工业上也获得了飞速的发展，而且伴随着德国被俾斯麦统一，内部关税壁垒的打破以及与其他经济体的交往进一步加深。统一后的德国在国土面积、人口、矿藏上都占有很大的优势，此外，为数众多的受过基础教育的国民、内陆运河的开掘、铁路的建设等因素都为之提供了很大的便利条件。

在此需要注意，技术并非价值中立，很多时候将技术设想为是价值中立的想法是一种虚幻意识。在德国思想界，不论是马克思、尼采、韦伯还是海德格尔，都可以发现他们对技术问题以及与之相关的人的异化的讨论。在很大程度上可以认为，技术变革会带来社会结构的深刻变化。诸如，当讨论性解放的时候，必然会认识到在这之前可普及化的避孕措施的发明与推广。不过当一些德国思想家向往田园生活而厌恶城市工厂生活的时候，他们并没有认识到其所向往的田园生活也是人类在相应的技术发展之下的产物，而并不是农耕文明时期的那种相对原始的生活。

工业革命给近现代德国带来的产能激增，一方面使他们日益需要占领更大的国际市场和原材料产地，另一方面也使得他们不满足于二流强国的地位，认为需要一个与自身实力相当的地位。这也就产生了后来泛日耳曼运动之类的问题。当然，这也与“维系在鸡蛋上的平衡”的大师俾斯麦的下台有关，不过也可以认为是俾斯麦的视野不能看到太多世界的新变化，还是依旧停留在旧的欧洲中心主义的旧式王朝体系中（也即《威斯特伐利亚和约》体系中）。

由弗里茨·斯特恩所描绘的第二帝国晚期的政治景象则是：“在理论上，首相必须把皇帝的意愿（有时是幻想）转变为有效的政治行动，而且最好还得到国会的批准。在实践中，首相却困守于保守阶层和自由而激进的团体之间。前者正面临经济上的衰落，因而不顾一切地抓住他们的权力地位；后者是一个新社会的代表，在公众中的影响力持续上升，现在则寻求对于这种影响力的更多认可。”[①]在第二帝国晚期的乱局中，各种政治势力虽然都打着民族利益的旗号，但是缺乏一致的目标和长期的战略眼光。特别是在俾斯麦1890年下台之后，德国失去了维系政局平衡的中心点。不得不承认俾斯麦通过外交内政的梳

---

① ［美］弗里茨·斯特恩：《非自由主义的失败：论现代德国政治文化》，孟钟捷译，商务印书馆2015年版，第132页。

理，以“有限目标”这一方式实现在欧洲腹地的德国的统一，而且他满足于这个目标的实现。和那些喧喧嚷嚷的后来者相比，他表现得非常审慎。

韦伯在论述官僚制度的时候，做出了非常有趣的论断，认为这种培养唯唯诺诺的公务员的制度是不能培养出有决断的政治家的。因此韦伯强调了议会的重要性，认为议会就像角斗场，通过角斗的方式才可以产生政治家。后来的公法学家卡尔·施米特也曾受教于韦伯，他继续发展了一种决断论的思想（虽然这也有其天主教背景的因素），但他反对议会的作用，认为在议会中的争论是无益的，只有真正代表人民主权的一方才可以超越于议会之上做出决断。在韦伯看来，正是因为一代强人俾斯麦压制政党和议会，才使得俾斯麦之后德国再无优秀的政治家。后来的德国首相，诸如卡普里维、比洛和霍尔韦格无不都是非常优秀的公务人员（或外交专家），但是他们却与有担当的和有大局观的政治家（像俾斯麦一样）相去甚远。这点其实是非常有趣的，就像军队里士兵和将军的关系一样，军队系统里面要求的是纪律和服从，从这个系统里面获得晋升的人员却是无法作为将军的，因为将军所要求的品质并非纪律和服从，而是决断力。这也就涉及自由与必然两个层面的问题，政治家或者将军在很大程度上所要求的是一种决断力，这种决断力当然并非全然无根，而是需要建立在一个明晰的、健全的对于局势和目标的理解之上。

表面看来，德国是因为一系列偶然性事件，卷入了第一次世界大战，但通盘分析，这些偶然背后则有一个完整的轨道。在第二次世界大战后，关于德意志第二帝国是否主动卷入第一次世界大战，是否这是一系列政策延续性的结果，历史学家弗里茨·费舍尔在20世纪60年代出版了一本《争雄世界：德意志帝国1914—1918年战争目标政策》，引起了很多保守派历史学家的批判，史称德国“第一次历史学家论战”。其实这些历史学家都是“德国历史学派”这个保守主义学派的余孽，他们的许多立场其实和纳粹没有什么区别。从整个德国近现代史中可以发掘出一条通向第一次世界大战、通向纳粹的潜藏的线索，但是在某种程度上，如温克勒所说的，“the long road west”，这也是德国人最终回归西方主流的漫长曲折之路。

最后，不得不提及斯特恩对近现代德国问题的一个非常有意思的反问：“事实上，当一系列事故发生后，难道不会让人们去推测，或许在整个公司内部存在着某些不对劲的地方吗？”①

① ［美］弗里茨·斯特恩：《非自由主义的失败：论现代德国政治文化》，孟钟捷译，商务印书馆2015年版，第208页。

第七章

近现代德国的外交问题与中欧意识

有一个十分有趣但出处尚不明确的说法:“评价铁血宰相俾斯麦时,一般都会引用一句话‘他有赌徒的直觉,知道何时下注,何时离桌’。如果套用这句话评价威廉二世,那就是‘他有赌徒的性格,只知道拼命下注,却不知何时离桌’。”在此清楚的是俾斯麦赢下了(毕竟有侥幸成分在内)德意志第二帝国,并且在这之后见好就收,但是威廉二世则输掉了这个帝国。本章主要是试图分析近现代德国在 1871 年实现统一之后,俾斯麦的外交目标、策略和之后继任者的外交目标、策略,以及背后深层次的原因,即所谓政策制定背后所潜藏的动机。虽然在这一部分主要讨论的是国际政治问题,但并非像“德国历史学派”那样“外交优先于内政”,而是要“外交”与“内政”两者兼顾。毕竟单纯地将一个国家作为在政治哲学考察中不可进一步分析的单元,这种做法多少并不可靠。

上文提及的所谓“德国历史学派”是一个非常宽泛的概念，时间跨度上有一个半世纪，从与黑格尔同一时代的利奥波德·兰克一直到第二次世界大战后的弗里德里希·梅尼克，许多人可以归入其中，诸如西奥多·蒙森、德罗伊森、西贝尔、特赖奇克等等，甚至连萨维尼、李凯尔特、马克斯·韦伯等人在宽泛的意义上也可以归入其中，不过学界倾向于采用狭义的范围，将其限定在围绕《历史学杂志》编辑部构成的、持有基本相同的历史方法论（历史并非冰冷的材料堆积起来的客观的科学，而是一种要对历史材料注入生命的目的论解释），以及在政治立场上倾向于排除奥地利在普鲁士带领下统一德国的“小德意志方案”（在“自由”与“统一”之间，不同人有不同侧重，同一人在不同时期也有不同侧重）的一批历史学家。①

在涉及“德国历史学派”的讨论中还会涉及一个由意大利政治思想家马基雅维利提出的、后来为德国学者所广泛探讨的概念，即“国家理性”。“国家理性”这个概念是指一个国家为了维持自身的生存和发展，可以采取许多手段，这些手段中有些并不合乎

---

① 关于“德国历史学派”更进一步的讨论可以参见[美]格奥尔格·G.伊格尔斯：《德国的历史观：从赫尔德到当代历史思想的民族传统》，彭刚、顾杭译，译林出版社 2006 年版；[法]安托万·基扬：《近代德国及其历史学家》，黄艳红译，北京大学出版社 2010 年版；李娟：《普鲁士学派研究：以德罗伊森、西贝尔、特赖奇克为中心》，复旦大学博士学位论文，2012 年。

道德（这点很符合马基雅维利的风格），因政治总是无关乎道德或者其他任何事物的。这个观念在后来“德国历史学派”的历史学家梅尼克那里得到了进一步的发展，当然因为梅尼克坚信国家中的道德（精神、文化）的维度，所以他会认为一些不义的手段某种程度上是符合更高的善的（因而是可以被采用的）。在近现代德国的思想史上可以发现，德国人总是在“精神”与“权力”之间的关系问题上进行一种相互的、内部自我指涉性的论证：“精神”上的高度发达意味着在现实政治中也要获得相应的成功；“权力”上的成功在很大程度上也证明了“精神”上的发达（其间短暂的失败只是一种考验）。这种可笑的论证后来被哈贝马斯称为“特殊神宠论”。

由于地处中欧，德国具有很强的忧患意识，正如俾斯麦所说的，德国处于“中心和无屏障的地理位置，国防线伸向四面八方，反德同盟很容易形成”①。首先回顾一下从 1871 年德国统一到 1945 年第二次世界大战结束之间德国邻国的情况，不过排列次序以笔者判定的重要性或者相关性作为基准。

第一是德国西部的老对手法国。自 1851 年拿破仑的侄子拿破仑三世政变成立第二帝国，直到普法

① ［德］奥托·冯·俾斯麦：《思考与回忆：俾斯麦回忆录》（第 2 卷），杨德友、同鸿印等译，生活·读书·新知三联书店 2006 年版，第 205 页。

战争失败第三共和国建立，法国一直是共和政体。因涉及阿尔萨斯-洛林、卢森堡以及莱茵地区的问题，德法（奥匈帝国和法国、普鲁士和法国）之间一直存在着争端。特别是当战争已经从王朝战争“范式转变”为两个民族国家之间的斗争时，这种相互之间被调动起来的民族主义的敌意是很难消除的（由此可以联系到法国作家都德的作品《最后一课》）。在德国统一之后，俾斯麦的基本目标就是通过限制法国以防止其复仇，当然法国人的确一直想要复仇。

第二是德国东部的劲敌俄国（以及后来的苏联）。其实德俄在历史上曾经多次处于同盟状态，特别是在反拿破仑战争中，以及之后和奥匈帝国皇帝达成三皇协定，成为欧洲保守派势力的轴心。但是因为德国在巴尔干问题上在奥匈帝国和俄国之间选择支持奥匈帝国，结果在第一次世界大战前将俄国和法国推到一起，使自己面临非常不利的东西两线作战的困境（虽然德国也有所谓的“内线运动优势”）。这种东西两线作战的状况正是俾斯麦所一直试图避免的。俄国拥有广阔的土地，这让德国人觊觎已久，即使是在第一次世界大战中，德国人从瑞士放回列宁颠覆了沙皇政权，之后他们也没有停止和俄国人的战争，甚至逼迫俄国人签订羞辱性的《布列斯特-立托夫斯克和约》（所以他们在《凡尔赛和约》中被羞辱也算一报还一报）。

第三是英国。英国人在1807年和平时期先发制人摧毁了丹麦-挪威人的舰队，并炮轰了哥本哈根。在第一次世界大战前德国人一直担心英国人会发起一次同样的袭击以摧毁德国的舰队，因此提尔比茨的造舰计划在很大程度上就是为了防止德国海军被英国人击毁，他所采用的就是军事均势理论。但是德国人没有认识到，他们在欧洲大陆的陆上优势之下试图寻求海上优势，只会让英国人采取联合其他国家的方式加以遏制。英国素来的政策就是限制能对其殖民地体系构成威胁的国家，重心并非在欧洲大陆。德国的海军建设计划和殖民地拓展运动其实将英国放到了自己的对立面。

第四是奥匈帝国。奥匈帝国有个非常有趣的现象，因为其是一个“国家民族”而不是通常意义上的“民族国家”。虽然统治者哈布斯堡家族是德意志人，但是其境内却存在大量斯拉夫人，因此法学家汉斯·凯尔森和经济学家米塞斯等人都试图以一种普遍性的理论而非民族-共同体的理论来建构国家与社会(而在第一次世界大战结束后奥匈帝国解体的情况下，鲍威尔、伦纳、阿德勒等维也纳社会主义学派则没有这么大的负担，他们完全可以以民族国家的框架作为自身理论的出发点)。奥匈帝国虽然体量很大，但是内外交困，特别是因为巴尔干问题与俄国矛盾重重，所以只能和德国结盟。

第五是波兰。波兰历史上三次建国三次灭国，曾经也是一个中欧地区由斯拉夫人组成的强大国家，甚至当年勃兰登堡-普鲁士公国都曾受制于波兰王国，不过因为后来在德俄之间做“垫脚石”，所以近现代历史上总是处于非常悲惨的境况。

第六是意大利。意大利受困于法国、奥地利、西班牙和教皇的势力，一直处于分裂状态，在1861年经由马志尼和加里波第领导的统一运动才获得统一。可以说在历史上，意大利和德国有很多的相似之处。但是统一之后的意大利并没有获得很好的整合与发展，而且在地中海又总是受制于英国人，特别是在英国人控制了直布罗陀海峡和苏伊士运河的情况下。意大利总是打着“国家利益”的旗号，在战争中改换阵营。

第七是美国。美国当然并非德国的邻国，它与欧洲隔着一个大西洋，但是随着第一次世界大战的推进，美国人开始介入旧大陆的事务，而两次世界大战之后，欧洲的地位没落了。正如法国哲学家和政论家雷蒙·阿隆所说的，在第二次世界大战之后，与美苏相比，法国要接受自己沦为二流国家的现实。正是因为发生在旧大陆的战争，世界政治格局才发生了重要改变，美国利用其地理优势和历史契机成为了超级大国。

德国人在其狂热的民族主义之下，总认为与英国这种肤浅的盎格鲁-撒克逊式的海盗商业主义、法国的堕落的拉丁文明和俄国斯拉夫式的野蛮相比，德国人的德意志文化本身就是超越这些对象的。在某种情况下这些国家的国力竞争是文化体之间的竞争。这种文化民族主义的观点与后来纳粹时代的种族主义之间其实只有一纸之隔。

在俾斯麦时代，他通过与欧洲各国之间的各种秘密协定，才使得德国在一个相对有效的安全网内实现了统一，以及在殖民地方面通过利用英法、英俄等国之间的矛盾以维持德国的居间调停的位置。虽然俾斯麦也迫于国内利益集团的压力支持过一些殖民活动，但俾斯麦并不热衷于殖民活动，他的着眼点始终是在欧洲。在俾斯麦之后，在皇帝威廉二世以及泛日耳曼运动等民族主义的支持下，德国的扩张运动使其与法国、英国和俄国的关系进一步恶化，并导致最终德国被包围圈困住的局面。地缘政治上的原因虽然很重要，但是并不能忽视具体的个体和偶然性因素在其间所起到的作用。

第一次世界大战之所以被称为“欧战”，是因为欧洲各大国在欧洲腹地进行了一场持续4年之久的战争。梁启超在大战后写下了《欧游心影录》，这场战争改变了很多中国人对于西方的态度，这些人认识到即便在所谓“文明世界”，“强权即公理”的情况仍不可避免，而或许只有儒家（新儒家）的道德哲学才可以挽救这个世界。

正如《克劳备忘录》中德裔英国外交家艾尔·克劳爵士所评价的，后俾斯麦时代的德国政治家或许只清楚德国要去争霸世界，以获得和其国力相当的地位，但是他们并不清楚如何去做。[①] 第二次世界大战在很大程度上是第一次世界大战的延续。在纳粹时代，被《凡尔赛和约》所羞辱了的德国人或许在纳粹的鼓动之下，对争取世界霸权的目标会更为明确，但是同时与几大强国（美苏英法等）开战的结局肯定不是合理与审慎的。

① 参见吴征宇编译：《〈克劳备忘录〉与英德对抗》，广西师范大学出版社2014年版。

第八章

近现代德国的官僚制度

官僚制度，是一个非常复杂的现代社会演化的产物，它也被称为文官制度，或用作对国家行政系统的笼统称呼。概要而言，官僚制度即行使行政执法权力、以维系国家社会各方面基本运作为自身职能的系统。正如尼古拉斯·卢曼在很大程度上持有一种社会系统功能分化、专业化、复杂化和合理化的观点，官僚制度的产生和发展自然有其合理性。但是所有关于政治建制的理性设计（理想化模型）都必然因为牵涉到具体的人而变得非常复杂，或者说掺杂了经验、感情的品格。因此需要清楚许多事物的存在并非一定是完全合理的，而只是有其一定的合理性而已。在下文的分析中，笔者将会讨论德国（普鲁士）官僚制度及其内生性矛盾，以及如何尝试克服或以新的形式保留这个矛盾以作为社会演化的动力。

我们可以发现在古代中国就已经有非常发达的官僚制度，其中包括官僚的选拔机制（科举、推荐等方式）、考核机制、升迁贬谪机制等等。同时也要认识到在欧洲启蒙运动中存在一种对中国所谓开明君主专制的道听途说式的臆想，而在某种程度上，中国的这种政治制度是当时很多西方智识阶层所向往的对象。不论出身，一个人可以通过科举考试（即凭借一种对知识的能力）来获得参与权力运作的资格，这对当时的西方智识阶层来说，当然是非常具有吸引力的。因为，在这之前“宫廷和国家没有区别，邦君的家事和国家事务可以混为一谈”①。

近现代德国（普鲁士）的官僚制度是让黑格尔以来的德国人引以为傲的事物之一。如徐健所说：“作为德国近代历史上最重要的邦国，普鲁士的官僚制度对普鲁士王国、后来的德意志帝国以及今天的德国是有影响的。这种影响不仅表现于建构一种德意志式的政治制度，它同时也帮助塑造了德意志国家的政治文化。”②不过这套官僚制度产生的根源则是君主为了更有效地收税以支持军备，这也涉及社会掌控如何进一步有效深入的问题。这正如徐健所指出的：“近代的普鲁士行政就是以财政体系的变革为

---

① 徐健：《近代普鲁士官僚制度研究》，北京大学出版社2005年版，第19页。

② 同上，第1页。

出发点，在调整中央与地方的权力关系的过程中形成的。”①

塞巴斯蒂安·哈夫纳提供了更为详细的解读：“光靠节俭仍不足以筹集这个贫穷国家所需要的超级军费开支。无怪乎腓特烈·威廉自称为普鲁士国王的‘大元帅和财政部长’。普鲁士在他执政期间是欧洲税赋最重的国家；后来腓特烈大帝还把税率调得更高，尽管其臣民对他的声誉并非没有感觉，可是长久下来之后，那种做法还是让他变得不受欢迎。大量的税赋（在城市里面是消费税或国内货物税，在乡间地区则为土地税或田赋），必须加以征收和催缴。为此就需要一个高效率的财政主管机构，而这意味着大量的公务人员——虽然唯有通过普鲁士式的节俭作风才得以支付其薪水，可是他们每一个人都必须绝对可靠，结果又不得不强迫他们遵守军队般的纪律，以及准军事化的荣誉守则。普鲁士的‘军事国家’与‘公务国家’因而环环相扣，互为表里。”②

德国人（普鲁士人）做事被人们认为非常务实和高效，因此像之前所提及的，在拿破仑法国兴起之前，普鲁士是欧洲最为现代化的国家之一，这个现代

① 徐健：《近代普鲁士官僚制度研究》，北京大学出版社2005年版，第21页。

② ［德］塞巴斯提安·哈夫纳：《不含传说的普鲁士》，周全译，北京大学出版社2016年版，第62—63页。

化的国家就其实质而言是开明君主专制之下的官僚体制国家(警察国)和法治国家。德国人(普鲁士人)所建立的这个官僚制度在一定程度上规范了权力的行使和保障了基本的权利(虽然在这个体系里面,权利只是第二位的目标),有效地使得社会安定和国力日增。正如徐健所指出的:"在尊重法律的旗帜下,普鲁士国家以社会整体和民族的名义实行统治,而官僚政治也并非完全超越社会实在和主体,普鲁士的官僚是具有一定思想意识的知识群体,在19世纪是代表资产阶级利益的社会集团,在某个特定的时期内它可能适应时代的需要。"①

但相较于拿破仑法国的这种经历过法国大革命的彻底"大破大立"的现代化,普鲁士的一切都显得那么不够彻底。特别是在反拿破仑战争之后,普鲁士改革的历史进程还发生了倒退。因为官僚阶层的家庭出身(家庭出身贫苦者在那个年代里很难接受符合准入机制的教育,以及应付收入微薄而非常漫长的实习期,而且在岗位补缺时有家庭背景者更有机会),以及他们的社会地位,官僚阶层(同理也适用于法官、检察官和大学教授等职业)在很大程度上成为政治上可靠的,也即忠心支持霍亨佐伦家族的保

① 徐健:《近代普鲁士官僚制度研究》,北京大学出版社2005年版,第13页。

守势力。这如徐健所说的:“官僚等级的成长与近代国家的发展同步进行。普鲁士的职业官僚阶层包括司法和行政官员,它是在君主专制主义战胜封建等级制度的过程中形成和发展的。随着中央集权制国家行政机构的合理化、司法机构从中央到地方的全面改造,官僚阶层逐渐壮大,到19世纪,它成长为一支重要的社会力量。但是,在君主制度没有发生根本断裂的普鲁士,官僚阶层有别于其他职业阶层。它的利益并不局限于与其职业相关的事物,而是维系在以君主为代表的国家利益之下的。”①此外,因循守旧的体制并不能产生很多有能力的政治家,因为下属只会对上级负责,因而多是不会做出决断的唯唯诺诺之辈。俾斯麦在世时,这些问题或许都尚可以被遮掩,但是在后俾斯麦时代,这些问题则被放大,可以从斯特恩在《非自由主义的失败》中看到这些问题,也可以从马克斯·韦伯的政治著作选中看到这些问题。

在马克斯·韦伯看来,官僚制度在很大程度上当然是有其自身内在合理化的逻辑的,在权力的行使上也相较于之前的模式更为有效。但问题是,官僚制度也是会产生问题的。诸如自成体系的(因为

① 徐健:《近代普鲁士官僚制度研究》,北京大学出版社2005年版,第224—225页。

家庭出身、受教育背景和之后事业发展的相近而产生的一致性，以及对不符合内部氛围的异端分子的清除或者压制）官僚制度是否会产生自己的部门利益？答案当然是肯定的。像黑格尔之类的很多德国人一直认为因为官僚阶级不是像地主或者资本家这样的生产资料的占有者，也不是农民或工人这样的被剥削者，因此他们作为社会的中坚力量，是凌驾于各种多元社会力量分歧之上的一种中立性的、普遍性的阶级。但如果考察近现代德国史，就会发现事实并非如此，官僚阶级在很大程度上成为近现代德国最为保守和反动的势力之一，他们也是在魏玛共和国时代共和国的内部掘墓人，而在希特勒时代他们中的大部分人则是作为纳粹法令和法律的积极执行者，并且在第二次世界大战后还辩称自己只是在遵章行事。所以如徐健总结的："官僚是普鲁士社会中的特殊阶级，而非一般的社会阶层。这里包含着两层意思：首先它是一个'等级'，一个在特定的社会历史环境和政治制度中人为造就的'等级'；其次它具有特殊性，有着不同于其他国家的历史使命和责任意识。"①

公务员制度与政党制度两者构成了一对矛盾，

---

① 徐健：《近代普鲁士官僚制度研究》，北京大学出版社2005年版，第223页。

其实这对矛盾透显出来的是更为重要的专家治国还是人民主权之间的矛盾。在英国 BBC 经典系列剧《是的,大臣》和《是的,首相》中这个问题得到了很好的演绎。作为大臣和后来担任首相的哈克是民选出来的,他总是在乎选票,也就是所谓的民意;而作为官僚体制中的常任秘书,汉弗里爵士则代表着官僚体制的利益,他当然宣称自己比人民更好地了解人民自身的需求。前者在理论上表达着人民主权,即一种正当性的"主权在民"的表达,一定程度上可以说是"民粹意识";后者是代表专家治国论和效率优先,一定程度上可以说是"精英意识"。在很大程度上,这构成了现代西方民主国家内部的一种日常的内生性矛盾。

官僚制度在理想化情境中当然是一个非常合理的设计,但如上文所论及的,现实问题是作为具体的人所参与的制度,产生的不仅是对人的异化,而且也会产生对于制度的异化。那么就需要用更为复杂的制度设计去进行一种制衡。既然已经讨论了官僚体制的问题,关于官僚制的合理性和弊端都已经呈现出来,那么问题就转变为如何克服官僚体制弊端的问题。其实最为有效的方式就是将官僚体制和民选领袖放置在一个永恒的对立之中,在一个更为复杂的、多层级的政治建制框架中将这里面的矛盾限制在一定范围之内,或者将其转化为促进这个政治建制发展的动力。这也正如徐健所指出的："'杰出'的行政并不能长久维持，兼有立法权和执法权的行政机构，无论如何都不是表达民意的最佳办法。"①

① 徐健：《近代普鲁士官僚制度研究》，北京大学出版社2005年版，第197页。

第九章

近现代德国的军队

正如上文曾经提及的，近现代德国专制统治的两大支柱就是军队和官僚体系。本章就来考察一下军队方面的问题。

军队的现代定义是相应国家或其他相近的政治组织为其政治目的的实现而组织起来的专门的、正式的武装力量。根据这个定义，游击队的问题就难以解释了，特别是从针对拿破仑法国时期的西班牙游击队，到后来卡尔·施米特的游击队理论，再到现代恐怖主义时代，战争已经转变为所谓的全民皆兵的“总体战”，在军队和平民中间尝试做出区分的关于专门的、正式的定义多少已经有些不敷使用。但是游击队也是相应国家或其他相近的政治组织为其政治目的的实现而组织起来的。此外，现实中总是有很多复杂的状况是落在一般定义的范围之外的，国家或其他政治组织并不见得一定有军队，诸如梵蒂冈等；而有些雇佣军则不固定从属于任何政治组织，也没有明确的政治目的。所幸此次研究的对象是作为相对典型的现代军队的近现代德国的军队，这些军队总是以成建制的状态出现并作为实现国家政治目的的重要手段，所以在此就不必考虑太多定义之外的情况了。

通过上文的定义可以知道，军队和政治有必然的联系。欲研究政治哲学之问题，必然要涉及对军队的考察，正如《孙子兵法》开篇所说："兵者，国之大事，死生之地，存亡之道，不可不察也。"也正如德国军事学家克劳塞维茨在《战争论》中所说的："战争，无非政治通过另一种手段的继续。"因此，军队问题构成了关于政治哲学讨论中不得不着重考虑的一点，因为它可以决定现实政治问题的走向。如果认为军队总是向外的，那就错误地理解了军队的本质，正如韦伯所言："（国家）在一定疆域之内（成功地）宣布了对正当使用暴力的垄断权。"①军队在很大程度上兼具内外两个面向，试图维持或拓展现有权力，或者军队在某些情况下成为权力本身（就像在一些发生军事政变的国家中的情形那样），或者军队成为反政府力量的支持者。

但是在将军队作为与政治相关的部分加以思考

---

① ［德］马克斯·韦伯：《学术与政治：韦伯的两篇演说》，冯克利译，生活·读书·新知三联书店 1998 年版，第 41 页。

的同时，也不能不考虑到军队并非完全属于政治的一部分，也有其作为一个子系统内在的逻辑和目标(即为了胜利而合理化自身的存在)。不能简单地认为军队是政治的工具，军队在很多情况下具有自己的政治立场(自身的部门利益)，也是政治中非常重要的一支力量。按照军事学家巴里·波森所指出的："它们(军事组织——笔者注)狭隘、封闭、庞大，被赋予了各种资源，并掌握了某种高深莫测的技术。它们在很多时间中应超脱于控制之外，如同它们在一战前的情形。"①"军事组织在国内拥有某些基于其所履职能的固有权力，而且它们试图通过将其技能神秘化并对文官当局隐藏该技能而增加该权力。"②这是现代社会的分化和专门化所导致的必然结果，"在17世纪和18世纪，现代国家以其现代面目而崭露头角。在军事学说上，其最显著特点是职能的专门化。对于政治-军事整合，掌握不同技能、信息和物力的组织和个人在外交和军事上的各司其职造成了结构性障碍"③。依照尼古拉斯·卢曼的社会系统理论，可以认为在现代技术的发展和结构性的复杂

① [美]巴里·波森：《军事学说的来源：两次世界大战之间的法国、英国和德国》，梅然译，上海人民出版社2013年版，第30页。

② 同上，第37页。

③ 同上，第43页。

化之中，海军和空军也日益获得了独立于陆军的重要性，甚至在近现代军事史上可以看到一个国家之内许多不同军种之间存在矛盾的事例，亦即波森所言的："军种内的不同部门有着不同的目标和利益。"①

普鲁士本身就是条顿骑士团在东部对斯拉夫人武力传教的产物，因此普鲁士文化包含了一种尚武精神，而普鲁士王国遵循这种文化传统，以军事立国。当谈起普鲁士的时候，公众总会忍不住想起那些代表着军国主义的尖顶头盔。这正像塞巴斯提安·哈夫纳所说的："'其他的国家拥有一支军队，普鲁士却是一支军队拥有一个国家。'米拉波伯爵曾于腓特烈大帝在位末期半嘲讽半惊骇地如此写道。那句话讲得很对，可是却又不对。普鲁士军队从未'拥有'普鲁士国家，而且根本从未做过任何尝试来统治国家，或者影响国家的决策——它是全世界纪律最严明的军队，军事政变在普鲁士始终是无法想象的事情。军队反而是国家最重要的工具、它的王牌和它的心肝宝贝；一切为军队而设，一切围绕着军队打转，一切与军队共存亡。这个国家并非被军队拥有，而是真正'着迷于'对军队的照顾。就连其——按照当时标准——

---

① ［美］巴里·波森：《军事学说的来源：两次世界大战之间的法国、英国和德国》，梅然译，上海人民出版社 2013 年版，第 45 页。

既现代化又极为先进的财政、经济与人口政策，最终的目的也在于提高作战能力，而这意味着：为了它的军队。”①在一定程度上，甚至可以认为普鲁士官僚体系的充分发展本身就是为了服务于收取更多的税款以维持对一支庞大的专业军队的供给。

旧普鲁士的军队对内和对外都是忠于霍亨佐伦家族的，对于哗变或者政变之类的事情都不可想象。“士兵国王”（也被贬义地称为“丘八国王”）腓特烈一世打造了一支远超过正常人口比例的军队，使普鲁士以其并不占优势的国力跻身欧洲强国之列。并且普鲁士军人，特别是军官的地位特别高，人们甚至以获得少尉作为成为一个真正男人的标志，很多政治家和教授在很多时候也都喜欢穿着他们预备役军官的制服。当普鲁士国王威廉一世在凡尔赛宫登基成为德意志第二帝国皇帝时，簇拥着他的都是身穿军服的贵族。所谓的普鲁士军官团是为了解决容克贵族中非长子的子弟在“长子继承制”之下的出路问题而设置的，因为和国王出于同一容克贵族背景，因此他们是天然的保皇派。国王毫不吝啬在精神上和物质上对军官团的给予，因此那些作为军官的贵族子弟当然乐于奉献。即使在第一次世界大战后，作为

① ［德］塞巴斯提安·哈夫纳：《不含传说的普鲁士》，周全译，北京大学出版社，2016 年，第 59—60 页。

魏玛共和国总统的兴登堡元帅仍认为自己只是替逃到荷兰隐居的威廉二世皇帝代管这个国家。可以说霍亨佐伦家族很好地依靠军队做到了政治上的稳定。在这点上,也可以联系到所谓的“先军政治”,就是一切以军事工作为先,一切以军事工作为重。

正像上文所说的一样,在莱茵河彼岸的法国所发生的拿破仑变革,在科耶夫看来是现代世界诞生的标志。普鲁士人也敏锐地认识到了这一点,当然,更为主要的是他们一直引以为傲的军队被拿破仑法国击败。马基雅维利在《君主论》中讨论雇佣军的弊端而要求设立常备军的时候就已经表明了这种迹象。在现代民族国家中,激发一国的战争潜力,就是要让普通民众认为他们不是为贵族老爷而是为自己和自己的土地参与到战争中去。正如奥斯特哈默所言:“通过北美独立战争(1775—1781)——这是介于旧式军官决斗与新式爱国民兵战之间的一种过渡形式——以及一系列战争(这类战争早在法国大革命时便曾出现过),全民武装的原则得以确立。它在欧洲的起点是1793年8月23日法国国民公会颁布的《全国总动员法令》。该法令颁布之前经过了4年的筹备期,它规定‘全法国人民始终处于征发状态’。19世纪因此成为历史上第一个实行全民战争动员的时期。从此,大规模部队的组建成为可能,军队的组织也变得越来越完善。”[①]而这种军队形式也是跟新兴的民族主义联系在一起的，也正如奥斯特哈默所指出的，“1793 年，法国大革命发明了‘全民动员’，即通过激发爱国主义热情动员全民（男性）参军。有‘总体战’由此诞生的说法，这个说法没错，不过略有些夸张。军事总动员就是把新型民族主义释放的能量转化成推动社会变化的力量，而在以前各时期，这样的推动力都是来自大规模的社会运动或宗教运动。对‘全民动员’，或确切地说，‘全民动员’的神话，在此可以做出不同的理解：可以理解为一种自发的、狂热的志愿行动的表现形式；也可以理解为所有男性公民都有履行兵役的义务；抑或理解为所有人，包括非军人，均处于为战争服务的征发状态。”[②]

塞巴斯提安·哈夫纳曾对拿破仑战争之际普法两国的情况有过表述：“普鲁士在 18 世纪不仅是欧洲最新颖的国家，同时亦为最符合时代精神的国度，其强处不在于它的传统，而是来自它的现代性。不过自法国大革命爆发后，突然冒出一个更加现代化的国家，以及一些更加先进、更具吸引力的政治理念。法国的‘自由、平等、博爱’，听起来可要比普鲁士‘各

① [德]于尔根·奥斯特哈默：《世界的演变：19 世纪史》，强朝晖、刘风译，社会科学文献出版社 2016 年版，第 762 页。

② 同上，第 938—939 页。

得其所'响亮多了……采用新理念的那个国家,也让自己在一个方面得到强化,而那正是普鲁士所特别在意的领域:军事领域。法国大革命不只是一场政治革命和社会变革,它同时也是一场军事革命。如今法国拥有了某种崭新的东西:普遍征兵制。普鲁士人早在1792年和1795年参战的时候,就已经有过令人震撼的经验,发现法国的革命军队赋予战争一种全新的面貌——那不仅仅在于其数量,而且也在于其战斗精神。法国大革命已将法国农民同时变成了士兵和自由的自耕农,如今他们真正是为了'自己的'土地而战。如果普鲁士不想在它迄今最强固的方面——军队那方面——落后的话,就必须让类似的措施也在普鲁士成为可能,但当然不可透过革命方式来进行。普鲁士最进步的人物早在1795年以前就已经得出这项结论。哈登贝格曾于1806年的军事灾难发生之后,简明扼要地总结他们当初的动机,表示1789年的观点令人无法抗拒:'那些原则所产生的力道是如此强大',以致不接受它们的国家要不只能面对毁灭,否则将被迫必须采取同样的原则。"①在那个时代,进行农奴制改革,开放新兴市民阶层和农民等加入军队,都在很大程度上改变了军队的成分和

---

① [德]塞巴斯提安·哈夫纳:《不含传说的普鲁士》,周全译,北京大学出版社2016年版,128—129页。

面貌，但是在反拿破仑战争之后，军队氛围迅速保守化，使得军官团成为社会性压制在军队的缩影，正如在大学中高年级学生对低年级学生的压制一样。整个社会强调的是服从上级的秩序，士兵就像在做农民时服从地主老爷一样在军队服从军官。一直等到第一次世界大战时，大部分德国人都聚拢在爱国主义的大旗之下，整个压抑的氛围才再次被反拿破仑战争以及三次王朝战争以来的激情所驱散。

按照徐弃郁的观点，“德国的军事制度基本上是普鲁士军事制度的延伸，是在绝对王权体制下形成的、被小心保存下来以免受文官和代议机构染指的一整套设计。德国实行军政和军令分开的制度，普鲁士陆军部主要负责全德军事行政方面工作（巴伐利亚、萨克森和符腾堡除外），另外宰相在其中也可以发挥一点象征性的作用，如在国防预算、兵员补充、装备、军需等方面需要他副署以赞同皇帝意见。但在军令方面，如军事计划、军队的组织训练、动员和使用等，则完全由皇帝一个人专断。普鲁士总参谋部在其中也有很大权力，平时负责制定作战计划，战时负责具体落实和执行皇帝的命令，实际上是整个德国军队的总参谋部。此外，还有几个由一小部分陆海军将领组成的‘军事内阁’每天向皇帝做出报告，就军事问题进行讨论决策，实际组成了一个与普鲁士陆军部、总参谋部平行的，只向皇帝负责的军官集团。这三个主要军事决策机构之间没有任何实质上的联系，全德国的武装力量也没有统一的军事指挥机构，都是直接听命于皇帝。所以，军队（主要是普鲁士军队）在德国的战略决策中享有独特的地位，而作为帝国政治领导人的宰相无权干预军事决策。这样，当德国进行战略据测时，其政治体系和军事体系在体制上是相互割裂的，仅由皇帝一人充当两个体系之间的结合。”①如果说近现代德国的军队（特别是军官团）因为和专制统治集团具有同质性，所以也就与专制统治集团保持一致，但在后来军队也开始产生自己独立的政治意志。诸如在第一次世界大战后期，以兴登堡和鲁登道夫为首的陆军参谋总部为打赢这场战争而实行“总体战”和半军事专制，架空了德皇威廉二世和首相为首的文官体制。但是并不能就此怀疑普鲁士军队对普鲁士国王（以及后来德国皇帝）的忠诚，因为在历次对外战争与对内镇压中，军队总是坚定的保皇派。即使在第一次世界大战后，霍亨佐伦家族下台，威廉二世隐居荷兰的时候，军官团的高级将领们依然是坚定的保皇派和对魏玛共和国敌对活动的参与者，他们甚至在很多场合还会穿着旧普鲁士军队的制服，因为旧帝国相比

---

① 徐弃郁：《脆弱的崛起：大战略与德意志帝国的命运》，新华出版社 2011 年版，第 9 页。

新共和国而言,更能给他们作为军人的尊重以及利益。

但问题是德国海军并非如此,诸如第一次世界大战结束前基尔港水兵为了拒绝出港而遭海军当局逮捕,引发游行示威并发展为武装起义,其实德国海军作为后来新建立的军队,有许多新兴市民阶层加入其中,导致他们没有像陆军军官团这样的忠君思想。虽然在第一次世界大战之前,德国的君主威廉二世为提尔比茨打造了一支可以与英国本土舰队相抗衡的庞大舰队,但新兴的军事力量在建立的过程中,总是倾向于革命性的力量。可以对比在第二次世界大战中日本的"大阪师团",他们没有什么军国主义思想,想的只是早点打完仗回家做生意去。

因此在魏玛共和国时代国防军和纳粹因为共同目标和价值观上的相近而逐渐走近。这些国防军将领都认为自己要像那些对拿破仑法国反败为胜的前辈一样,卧薪尝胆,励精图治,赢得本该属于德意志的胜利。在此可以借鉴德国历史学家汉斯-乌尔里希·韦勒对国防军认同并支持民族社会主义的分析:"他们都坚信,必须在第二场大规模战争中完全改变第一次世界大战的结果。因此,有目的的扩军备战是完全必要的。在准备阶段,由希特勒运动通过冲锋队以及希特勒青年团承担深受欢迎的军事前期培训,尽早扩大军队的招募潜能。为了保证战争胜利，必须进行一场总体战。为此团结一致的后方非常重要，德国人的新救世主及其运动看来能保证这点。……希特勒试图在国内排斥所有左翼党派，用强有力的独裁政府来代替民主共和国，军队对此也毫无保留地表示欢迎。这样的政府更符合他们的世界观，这正是他们所希望的国家政治形态。首先是1933年来的极权体制，然后是元首独裁，这完全迎合了军官团的政治思想和传统心态。……这些军事首脑像民族社会主义者那样，非常理所当然地把波兰与法国看作未来的敌人。此外他们也同意民族社会主义的看法：苏联威胁着人类，早晚得除掉这一大隐患。在军官团中根深蒂固的反犹思想也支持民族社会主义的学说：犹太布尔什维克主义是真正的主要危险。在东部的胜利将确保1918年曾经拥有的生存空间，人民对此都还记忆犹新。”[①]因此，许多国防军军官在第二次世界大战后对自己的无罪辩护都难以令人信服。

简言之，重要的是要认识到军队和政治的关系，以及军队在很多情况下具有自我意识和部门利益。

---

① ［德］汉斯-乌尔里希·韦勒：《21世纪初的冲突》，周惠译，漓江出版社2015年版，第10—11页。

第十章

近现代德国的政党

政党是现代政治活动中一个重要的单元。政党有一些基本的定义，但是在这些基本的定义之外，也有多种样态。

党这个词在传统中文的语境中多指因为特殊利益或信仰的原因而聚集，或是由此聚集在一起的人，诸如君子不党、党争、东林党。在西方语境中，“party”原来的意思只是很简单的“分开”“分化”而已。简要而言，政党的定义就是以不同的主张为执政或参与政权而组织起来的团体。这里也涉及一个生物学上的食物网中的同位阶问题。为何尼安德特人被智人所消灭，但是类人猿却没有？德国共产党和德国社会民主党之所以不共戴天，纳粹党和左派工人政党之所以势不两立，是因为他们都在争夺工人群体的支持，即所谓基本盘的重叠。

这里有两种政党的概念要予以说明，第一个是先锋党，第二个是反制度政党。先锋党就是类似列宁创立的布尔什维克党，这类政党有明确的（甚至是具体到分阶段的）目标、党章、会员会费制度、从基层到高层的组织结构、青少年团体和妇女团体等附属组织（甚至包含民兵性质的战斗队伍）、政工学校和机关报（媒体）等。这类政党与美国的民主党、共和党这种形式松散的组织之间的差别很大，当然它们所追求的目标也不同。先锋党参与既有的政治框架（他们也经常在既有的政治框架之外活动）的目的在很大程度上就是推翻这个政治框架并按照自身所要求的方式重构一个以自身为主导的政治框架。这就引出了反制度政党的概念。反制度政党是指以推翻现有政治制度为目标的政党。在近现代德国，一左一右两个政党都是很明显的反制度政党：一个是德国共产党，另一个是纳粹党。这也可以联系到在联邦德国时代（20 世纪 50 年代）被取缔的两个政党（德国共产党和新纳粹的社会帝国党）。

正如彼得·沃森所言："德国人感兴趣的是形而上学、诗歌和音乐；对投票权或议会制的正确程序不感兴趣。"①不过沃森这句话其实只说对了一半，因为是近现代德国智识阶层的所谓"非政治"只是他们采

---

① ［英］彼得·沃森：《德国天才 1：德意志的命运大转折 第三次文艺复兴》，张弢、孟钟捷译，商务印书馆 2016 年版，第 53 页。

取了将“政治”视为政党政治或者议会政治的狭义解释，他们内心中其实是非常热衷政治的。如果深究一下1848年在法兰克福圣保罗教堂里那些所谓的资产阶级自由派对丹麦和波兰的侵略主张，以及之后知识分子的言行，就会认为笔者所言不假。近现代德国的许多政党都是试图将自身特殊的阶级背景普遍化（即持有一种自身世界观）的政党，他们参与现行政治体制以获得权力，目的是要对现行政治体制加以改变，而非对现行政治体制进行维护。

钱端升先生在写于1933年的著作《德国的政府》中，不仅很好地勾勒出了魏玛共和国时代的德国政治体制，而且也对希特勒之后的活动有过很好的预估，即使在80多年后的今天，若要了解相关领域的情况，这本著作仍在必读书目之中。

正如钱端升所指出的：“在1848年前后，普鲁士国民已有保守及自由两种不同的倾向。”①在德意志第二帝国成立之前，左派有极“左”的进步党和偏左的国民自由党（国民自由党后来转而支持俾斯麦的政策），右派有反对俾斯麦的极右的保守党和在俾斯麦带领下的偏右的自由保守党。在德意志第二帝国时期，保守党和自由保守党演进为右派两党，即德意

① 钱端升：《德国的政府》，北京大学出版社2009年版，第48页。

志保守党和德意志帝国党。另外还有自由派的两个小党——自由帝国党和偏左的德意志民族党。

同样可以大致按照政治立场从左到右对魏玛共和国时期主要政党进行一个划分，就像做切片一般截取一个样本。当然极左和极右政党在许多时候具有相似性，就像一个辩证法式的魔术。“左”和“右”这对概念经常在讨论中被误用，所以在此也有必要正本清源。正如法国哲学家雷蒙·阿隆在《知识分子的鸦片》一书中所指出的，在法国国民议会中，因为执政党是坐在右边，而反对党则是坐在左边，所以在后来的西方政治传统中倾向于将保守派称为是右派，革命派为左派。左右两派在不同国家，不同历史阶段，在政治立场、经济政策和文化政策等诸多领域会表现得非常不同，只要大致清楚这个区分的根本原则就可以了。

在魏玛共和国时期，最左翼的是德国共产党(KPD)，其前身是社会民主党中的左派组织，在 1918 年底由李卜克内西和卢森堡领导的左派组织斯巴达克同盟与不莱梅左派合并成立，1919 年加入第三国际，1920 年和德国独立社会民主党联合为德国统一共产党，1921 年改回德国共产党的名称。他们的敌人不仅包括右翼政党，而且还包括当时执政的左翼政党——社会民主党。从建立到纳粹上台期间，德国共产党不断地组织和发起政变和暴动，包括魏玛共和国建国时在柏林的暴动，1923年在萨克森-图林根的政变，等等。第二次世界大战后，苏联占领区的德国共产党和德国社会民主党合并为德国统一社会党。1956年联邦德国的德国共产党被取缔，1968年改名为德国的共产党(DKP)。

德国独立社会民主党(USPD)，1917年建立，是原先德国社会民主党的中间派，创立者有考茨基等。该党反对阶级斗争、暴力革命和无产阶级专政。但是在第一次世界大战的立场上，该党因反对德国社会民主党支持德国进行战争的民族主义立场而与之分裂。该党曾与德国共产党并肩战斗，1920年分裂，左派加入德国共产党，右派成立德国独立社会党，后又转而加入德国社会民主党。

德国社会民主党(SPD)成立于1863年，是德国存在时间最长的政党，也是世界上存在时间最长的现代政党之一，政治立场为中间偏左。前身是1863年成立的全德工人联合会和1869年成立的社会民主工人党，1857年两者合并，1891年更名为德国社会民主党。1878年至1890年遭到俾斯麦的禁止，第一次世界大战时因是否支持德国政府的问题而分裂。在魏玛共和国时代，甚至在第二次世界大战后，社会民主党一直是德国主要的执政党之一，魏玛共和国的第一任总统艾伯特就是社会民主党成员。1959年，《巴特戈德斯贝格纲领》制定后，社会民主党放弃其传统社会主义的政治目标，成为一个典型的资产阶级议会政党。

德意志进步党，早年自由主义的政党，由弗里德里希·诺依曼领导。后该党与德意志民族党合并，成为自由民主党。韦伯、梅尼克、沙赫特等人原先都是该党成员，不过该党并未成为主流。他们结合了社会主义和民主、民族主义的思想。钱端升指出："以论党纲，它实已和社会民主党十分接近，所不同者，后者为无产阶级的政党，有阶级意识，有世界性，而前者则为资产及智识阶级的政党，无阶级意识，而有国民性而已。"①

国民自由党，初为俾斯麦时期的政党，立场为中间偏左，后逐渐右倾，吞并了自由帝国党。该党原是第二帝国时期的大党，支持俾斯麦的政策，之后逐渐衰弱。

天主教中央党（也称为中央党），成立于德意志帝国建立之后，主要在德国南部和莱茵地区活动的政党，在政治立场上中间偏右，成立的目的主要是反对第二帝国建立以后俾斯麦对天主教发起的"文化斗争"。在1945年后成立的基民盟（德国基督教民主联盟）和其盟友基社盟（德国基督教社会联盟，魏玛

---

① 钱端升：《德国的政府》，北京大学出版社2009年版，第54页。

时期的巴伐利亚人民党，第二次世界大战后主要在巴伐利亚境内活动，章程基本和基民盟一样）。第二次世界大战后的联邦德国总理阿登纳、艾哈德等都是天主教中央党的成员。天主教中央党在很大程度上是德国社会的稳定剂，很多政党都试图与其结盟以获得议会中的多数。

德意志帝国党，也是俾斯麦时期的主要政党之一，由大财阀胡根贝格支持，将反社会主义、反犹、民族主义主张融合在一起的右派保守党，后来支持纳粹党，在纳粹夺权后以组织的形式合并加入纳粹党。

德意志保守党成立于 1867 年，是普鲁士容克的政党，支持霍亨佐伦家族，支持农业，反对民主、反对工业和反犹。基督社会党、德意志改良党、德意志社会党和农业联盟等政党均是从其分出但立场相近的党派。

纳粹党（National-Socialist German Workers' Party，缩写为 NSGWP），即“民族社会主义工人党”，将纳粹翻译为“国家社会主义”是对“Nation-Socialist”这个词的误译。纳粹党在希特勒的带领下获得了政权，然后就取缔了所有其他政党。早年希特勒试图采取墨索里尼在意大利夺权的方式，“像罗马进军一样”在慕尼黑和鲁登道夫发起啤酒馆暴动，这场儿戏一样的暴动很快就被镇压了，不过希特勒在服刑期间完成了其自述性的著作《我的奋斗》（由其副手赫斯进行整理)。在书中希特勒宣扬了结合社会主义和民族主义两大19世纪以来重要政治思潮的政治目标,当然他也放弃了暴动夺权的手段,宣称要在议会中争夺政权。纳粹在夺权后就禁止了其他政党的活动,与其立场相近的政党则被吸收进其中。

在魏玛共和国时期,各党皆规定党员须登记,因为国会的选举是以政党为单位,而非以个人为单位。按照钱端升所言,魏玛德国时期"总统之任免冢宰(总理——笔者注)当然须依国会的意向;所任者必为国会之所能信任,而所免者必为国会之所不信任"①。国会和总统都是人民选举出来的,但是总理却可以是非党派成员,如魏玛共和国末年的弗里茨·巴本。钱端升指出:"总统可以解散国会;如国会要求罢免总统,而人民于投票时否决国会的提议,则国会亦自然解散。……(在新国会选举的两月空窗期内,——笔者注)政府便可放胆处理政治而不受多少的牵制。"②

希特勒当政后,根据《授权法案》,左派政党基本都被取缔,中间和偏右的政党则被纳粹党吞并(或主动加入纳粹党),德国变成了一个一党专政的国家。

近现代德国的政党的表现在很大程度印证了李工

---

① 钱端升:《德国的政府》,北京大学出版社2009年版,第114页。

② 同上,第192页。

真在《德国现代史专题十三讲:从魏玛共和国到第三帝国》中所强调的德国社会的碎片化状况。当每一个政党都只代表少部分阶级、阶层、地区利益的时候,就难以期望他们可以在议会中寻求并达成共识。近现代德国有两个普世性政党,即其基本政治主张是超越民族国家结构的,第一个是社会民主党,第二个是天主教中央党。俾斯麦在德意志第二帝国统一后,着手做的事情就是和社会民主党、天主教中央党斗争,试图用民族主义的框架去限制这些普世性党派。

如果考察英国和美国的政党制度,就会发现英美的主要政党很少,很多小党派根本就没有立足之地,但是因为《魏玛宪法》在政治建制上的设计问题,导致在德国有很多占据一定国会席位的党派。这就导致德国国会中存在很多非主流的(极端的)的政见。另外就是自由主义政治哲学中很重要的问题:自由主义讲求价值多元、对不同的价值要保持宽容与理解,但是对待反自由主义的势力时,自由主义也要如此要求自己吗?这涉及一个叫作“战斗型民主”(Militant Democracy,也译为自卫型民主,或防御型民主)的概念,就是自由主义需要以非自由主义的手段来对待试图颠覆自己的敌人。

早在1938年,流亡美国的德国政治学家卡尔·洛文斯坦鉴于魏玛共和国无力保卫自己,任凭左右两派的极端分子肆虐最终导致希特勒上台的历史状况而提出了“战斗型民主”这一说法。[①] “自卫型民主”的意思即用非民主的手段维护民主制度，亦即打击民主之敌、保护民主之友。按照扬-维尔纳·米勒的分析：“记忆，在这里主要指对大屠杀和纳粹历史的自我批判式的回顾；战斗性，在另一方面，则是针对民主的敌人，主要通过诸如禁止政治党派和限制言论自由等司法手段来体现。换句话说，一个战斗型的民主对于其自身的原则和价值显然绝非中立，它要将那些有敌意的（或被认为有敌意的）事物置于严格的控制之下。”[②]在第二次世界大战后，联邦德国为了防止魏玛共和国时代政治上极端的反制度政党——所谓在民主制度内以颠覆民主制度为主要目的的政党，如魏玛共和国时期的纳粹党和德国共产党等政党——对民主制度的颠覆再次发生，在法律上和实践上全面地完善了“自卫型民主”的概念。按照张千帆对联邦德国《基本法》的分析：“对现代民主政治而言，结社和组党自由确实是必不可少之保障，但为了保护民主自身的生存，防止在根本上反民主的政治组织滥用民主权利来颠覆民主的历史悲剧之重演，《基本法》

---

① Karl Loewenstein: “Militant Democracy and Fundamental Right I”, in *American Political Science Review* 31(1931), pp. 417—432. 转引自[美]扬-维尔纳·米勒：《宪政爱国主义》，邓晓菁译，商务印书馆2012年版，第23页。

② [美]扬-维尔纳·米勒：《宪政爱国主义》，邓晓菁译，商务印书馆2012年版，第10—11页。

允许政府去禁止某些极端政党的组织活动。”[①]在20世纪50年代，联邦德国宪法法院做出判决先后取缔了右翼政党社会帝国党和左翼政党德国共产党[②]，并在20世纪60年代以后与左翼激进派学生运动展开斗争。

但是“自卫型民主”以非民主的手段打击敌人以捍卫自身的做法本身存在着原则上的争议，人们不禁要质问这种基于非民主手段的“自卫型民主”和纳粹法西斯的做法不是只有一纸之隔吗？幸好联邦德国政府在具体政治运作中并不缺乏审慎的实践智慧，运用“自卫型民主”成功地维护了民主制度，并得以培育“宪政爱国主义”。最后援引德国社会民主党的《巴特戈德斯贝格纲领》来表明联邦德国政党的现代化进程（即逐步放弃特定政党世界观）：“1959年11月13—15日，德国社会民主党340名代表参加了巴特戈德斯贝格会议。随着《巴特戈德斯贝格纲领》的通过，德国社会民主党放弃了坚守任何一条世界观或者历史理论观，他们拥护的是能在多元的国家内有理由存在的基本价值和基本要求。”[③]

---

① 张千帆：《法国与德国宪政》，法律出版社2011年版，第154页。

② 同上，第277—281页。

③ [德]赫尔曼·格拉瑟：《德意志文化（1945—2000年）》（上），社会科学文献出版社2016年版，第284页。

第十一章

近现代德国的高等教育与学术界

正如在上文中所提及的，在近现代德国，人们认为达致自由的方式不是通过革命，而是通过教育。尤尔根·奥斯特哈默指出："从事商业的市民原本就遍布世界各地，文化市民却是中欧特色，更确切地说，是德国特色。原因不仅在于语言形式考究或用在别处难以理解的独特的美学及哲学用语表述的文化内容，还在于'教育'在社会中的相对重要意义。"[1]当然，这里所达致的自由可以被认为是一种存在区分性的外在自由和内在自由中的内在自由。但若仅仅简单地把教育作为一种个人追求真善美的教养，则显然忽视了教育背后对社会政治问题的影响，特别在本章将涉及的政治教育问题方面的影响。教育

---

① [德]于尔根·奥斯特哈默：《世界的演变：19世纪史》，强朝晖、刘风译，社会科学文献出版社2016年版，第1416—1417页。

系统按照尼古拉斯·卢曼意义上的理想化模式，应该成为一个独立的子系统，按照自我内在的逻辑运行，但现实并不是这样的。特别是在现代民族国家的建立中，国民教育（使人经过训练成为合格的国民）一直是受到意识形态影响的，甚至是为世俗政权所垄断的，政府将教育的权力从教会手中夺取了过来。在俾斯麦时代的“文化之争”中，德意志第二帝国和天主教教会曾就教育问题发生过很大的争论，这也涉及在那个时期对社会主义性质的工人夜校的取缔。通过这两个例子，就可以更好地理解教育问题的本质。

相较高等教育，近现代德国基础教育的问题总是被人们习惯性地忽视。在这场改革之前，“普鲁士在 1917 年开始全国普设小学并推动国民义务教育，在 1763 年更是成为全世界第一个正式实施国民义务教育的国家”①。在这场改革中，基层教师任课资格的认定、基础教育大纲的制定等等都是非常重要的，第二帝国时期德国人的识字率远远高于法国人和英国人，所以毛奇元帅才会夸口普鲁士战胜法国是凭借从小学课堂上就开始奠定了的优势。近现代德国教育的发展也是一个现代世界进程中合理化的缩

---

① ［德］塞巴斯提安·哈夫纳：《不含传说的普鲁士》，周全译，北京大学出版社 2016 年版，第 81 页。

影，各种领域都被建制化与规范化。这些教育的成功为德国在近现代的崛起提供了很多有利的条件。当然，所谓德意志精神，或者民族认同的问题也在这一时期成为教育，特别是政治教育中的新情况。同一时期，有一位提倡体操和远足而被誉为“现代体操之父”的德国人弗里德里希·路德维希·雅恩。雅恩强调体育锻炼的目的并非单纯的强身健体，而是出于爱国主义和民族主义的考虑，毕竟只有一国（普鲁士）的男青年都强健了，才有希望打败拿破仑法国。此外，雅恩以运动组织作为反抗组织，广泛联系各地青年。在今后的德国教育中，体育也总是教育之中培养集体生活和协作的一个重要部分。

自中世纪以来，教育工作由教会转移到世俗国家手中。上帝、教义和教会的位置首先被世俗化的王朝国家体系所取代，继而是民族国家体系（或者大众民主国家）。在教育领域也是这样，现代大众教育掌握在各个国家政府手中，各个政府都试图以自身的需要和标准去教育青少年。因此，在很大程度上教育并非简单地授予一些基本技能或职业手段，而是为民族国家培养合适的臣民、公民或国民。这里也就涉及法国哲学家米歇尔·福柯所经常讲的知识、权力、理性和规训等之间的关系。因此，要排除掉教育，特别是大众教育单纯是一种关于个人选择、能力获得和性灵完善之类的理想类型的错误或者幼稚的看法。此外,在现代社会,大学和工商业的紧密联系也影响了大学的学科发展方向,某种程度上大学需要培养符合各种社会实务工作需要的专业技术人才。这也正如张斌贤所指出的:“大学在其作为一个学术机构出现之后,就一直处于不同社会势力和力量的作用之下,最初是教会、皇帝、国王和城市的交互影响,之后是政府、市场和科学的相互作用。社会越发展,大学所受到的外在影响越复杂。正是在与社会的错综复杂的关系变化过程中,大学逐渐形成了应对外在影响和作出反应的复杂机制,大学的机体也由此日益复杂和成熟。”①

上述论断在近现代德国得到了充分的体现。正如彼得·沃森所言:“现代学术的发展,教化(Bildung)的概念,还有以研究为基础的大学创新,它们在19世纪初的德意志被视为道德进步的一种方式。教育不是简单地获取知识,它在当时被仰视为人格发展的过程:在教育的过程中一个人学到如何形成批判性的判断,做出一项具有创造力的原创贡献,并且认识到自身(无论是他或者她)在社会中的位置以及相应的责任、权利、义务。教育作为教化的一部分,包含了一个形成的过程,它是一种人世间的完美形式,抑或

---

① 张斌贤:总序,载周丽华:《德国大学与国家的关系》,北京师范大学出版社2008年版,总序第4页。

是一种救赎——这对于生活在怀疑论与达尔文之间那个时期的受过教育的中间阶层而言，正是其人生的支点。”[①]近现代德国的教育以强调“社会协同”为目的，以社会本位取代个人本位。虽然要承认近现代德国教育所获得的瞩目成就，但是也要看到它内在的弊端。在被拿破仑击败之后，普鲁士所推行的改革中，由威廉·洪堡建立的柏林大学（像费希特、黑格尔、萨维尼、兰克、谢林、叔本华、梅尼克和施米特等一批近现代德国最为优秀的学者都曾在此工作过）成为世人瞩目的焦点，而且成为许多国家高等教育的典范（即使美国的高等教育体系也深受德国的影响）。正如陈洪捷所指出的：“德国古典大学观从一开始即为一种革命性力量。19 世纪初普鲁士大学的革新虽被后人称为一场改革，但在当时新大学观的理论家们心目中，他们的目标不是现有大学的改革，而是创造一种全新的高等教育机构。”[②]当然，柏林大学在后来也逐渐成为保守反动的力量，暂且不展开论述所谓复辟时代以来那些保守派教授的观点，通过纳粹上台时激进的大学生在主楼之前的广场上公开焚书就可见一斑。在很大程度上，陈洪捷

① ［英］彼得·沃森：《德国天才 4：断裂与承续》，王莹、范丁梁、张弢译，商务印书馆 2016 年版，第 334—335 页。

② 陈洪捷：《德国古典大学观及其对中国的影响》（第三版），北京大学出版社 2015 年版，第 110 页。

所谓的“革命性力量”的本质是服务于民族或者国家利益的。

正如有论者非常中肯地指出的“德国高等教育制度具有国家主义的传统”①，近现代德国大学的体制具有其特殊的属性：“19 世纪初的普鲁士大学改革，保留了 1794 年普鲁士宪法中有关大学双重属性的法律规定。大学是国家机构，这一规定，使得大学在保留了社团性质的同时，具有国家机构的特征。具体地讲，大学成为国家机构，首先意味大学由国家财政支持，从而非国有的高等教育模式被排除在教育政策的构想之外。国家垄断高等教育的局面被牢固地确立。它同时也意味着，教会不再拥有对大学的发言权。大学真正成为世俗的机构。对于大学而言，成为国家机构，也意味着接受国家的管理与监督，大学自治成为有限的自治，特别是大学从此没有了自己的财产，由此也失去了财政的自治权。而大学教师成为国家公务员，一方面表示他们与教会赡养关系的解除，另一方面也表示他们承诺了对国家承担的义务。”②这种作为权力中心的政治对高等教育领域的“殖民化”其实是伴随着（依附于教会和地方性贵族的）古典大学体系在德国近现代史上遭遇

---

① 周丽华：《德国大学与国家的关系》，北京师范大学出版社 2008 年版，第 2 页。

② 同上，第 78—79 页。

一系列挫败之后难以为继的结果，当然也有部分原因是大学在质和量上的极大扩展，原先的结构不再适用，经费来源不足。正如周丽华所指出的："伴随着大学在财政与物质上对国家的不断增长的依赖性，一个不可避免的结果就是国家对大学的管理日趋制度化。"①

在德意志第二帝国时代，德国人已经清晰认识到教育对政治整合（特别是对这个新近统一的国家）而言的重要性，这是他们从反拿破仑战争以来所获得的经验或教训，因此俾斯麦反对天主教的"文化斗争"和反对社会主义运动的宪政斗争也延伸到国家对教育领域的控制中去。德皇威廉二世之后在1899年颁布了《进一步加强普鲁士教育工作的最高指示》，国民教育的内容虽然在许多方面颇有革新，但也存在很多民族主义、军国主义和反社会主义的内容，②在授课内容上对德意志文化、德意志历史之类的都更为重视。当考察第二帝国时代晚期的民族自由主义者诸如马克斯·韦伯或者弗里德里希·梅尼克时，不可能不认识到作为"德意志精神"对他们的影响。当然在这里也不得不再次提到《致文明世界

① 周丽华：《德国大学与国家的关系》，北京师范大学出版社2008年版，第81页。

② 参见傅安洲、阮一帆、彭涛：《德国政治教育研究》，人民出版社2010年版，前言第6—7页。

书》(即《93 人宣言》)。

魏玛共和国时期,政治教育也没有放弃民族主义(甚至更为强调民族自豪感,毕竟第一次世界大战战败和《凡尔赛和约》的羞辱对于民族信心的重建而言甚为重要)的内容,但是强调了对于共和制的支持,也即所谓的"理性共和派"。诸如当时的教育家格奥尔格·凯兴斯泰纳(Georg Kerschensteiner)所持有的黑格尔式的教育观:"凯兴斯泰纳的公民教育思想是社会本位论的,是以为国家服务为出发点和归宿的。"①可惜在魏玛共和国末年推翻共和国的人都是在魏玛共和国之前接受的教育,而且更为麻烦的情况是魏玛共和国时期那些青年人的教师也都是在魏玛共和国之前接受的教育。

在魏玛共和国时代,政府虽然也着力强调培养公民意识,但收效甚微。希特勒时代的教育比第二帝国时期有过之而无不及。有论者指出:"德意志第三帝国的政治教育有其深厚的哲学基础、明确的政治目标和精心的教育设计,并由此构成了严密的思想理论体系。"②系统化的意识形态教育收效明显,在做事严谨的德国人那里更是产生了持续的规训效果。只有等到第二次世界大战后,在西方盟国支持

---

① 傅安洲、阮一帆、彭涛:《德国政治教育研究》,人民出版社 2010 年版,第 33 页。

② 同上,第 63 页。

下，联邦德国的“拨乱反正”才开始获得成效。

正如有论者所指出的：“德国大学中的大多数教授以不过问政治、超越党派者自居。‘超凡脱俗’成为他们追求并享受着的生活与工作状态。在现实生活中，‘超凡脱俗’有时候是‘守旧’与‘顺从’的代名词。”[①]暂且不论那些在纳粹时代最为有名望的亲纳粹的德国学者如哲学家马丁·海德格尔、法学家卡尔·施米特和社会学家汉斯·弗莱尔等，该如何看待像弗里德里希·梅尼克、格哈特·里特尔等众多偏保守的德国学者呢？正如美国学者罗伯特·波伊斯所指出的：“梅尼克思想中特别具有讽刺意味的是，他自身对一个超越党派的解决方式和一个强国家意志的要求，以及他对大城市极其令人讨厌的报纸与世界主义的犬儒作风的保守主义式的厌恶，使他不可能认识到这些观念在一个意识形态系统语境中的意义。换言之，非常可能的是梅尼克对某些大众主义和职能国家的观念——这些观念对新保守主义者和纳粹分子而言都非常重要——在自身感情上的倾向，使他不能认识到这些观念在另一个，或许

① 周丽华：《德国大学与国家的关系》，北京师范大学出版社，2008年，第116页。

更为一致的形式（即纳粹的意识形态）中的意义。”[①]这些和纳粹政权保持了一定距离的所谓的保守派的观点在斯蒂芬·雷米的著作《海德堡神话：一所德国大学的纳粹化与去纳粹化》中也有所提及和祛魅，他们并非在政治上纯净无瑕，在很大程度上，他们也是纳粹的同路人，而他们所谓的“内心的流亡”也根本就站不住脚。[②]

正如有论者对联邦德国时期的“再教育”的描述：“20 世纪 50 年代，是联邦德国政治教育体系的初步建立时期。1952 年，为了促进民众对新生的民主政权的接受与认同，‘在德国人民众强化、传播民主和欧洲思想’，为德国政治、经济、社会各方面事业的复兴注入精神力量，以‘联邦乡土服务中心’（Die Bundeszentrale für Heimatdienst，‘联邦政治教育中心’的前身）的建立为标志，联邦德国议会和政府开始建构政治教育的国家体系。其中，‘联邦乡土服务中心’的主要职能，一是通过出版发行政治性期刊（比较著名的是《议会》周刊）和手册开展宣传工作；二是为各级各类学校制定、编写政治教育教科书。

---

① Robert A. Pois：*Friedrich Meinecke and German Politics in the Twentieth Century*，University of California Press，1972，pp. 113—114.

② 参见 Steven P. Remy：*The Heidelberg Myth*：*The Nazification and Denazification of a German University*，Harvard University Press，2003。

在学校政治教育方面，德国文化部长联席会议（KMK）于1950年颁布的《政治教育的基本原则——文化部长联席会议1950年6月15日决议》是联邦德国学校政治教育的奠基性文件。该决议规定政治教育课程是所有联邦州学校的必修课，政治教育是全部教育的准则，要求在所有学科课程中贯彻实施。专门的政治教育课程以共同体常识、公民常识、当代常识、政治等为主，在内容上多强调政治结构、公民责任、社会合作等。"[①]"1963年，'联邦乡土服务中心'正式更名为'联邦政治教育中心'，从而更加明确了其工作职责——'通过在德国公民中实施政治教育促进对政治真相的理解，巩固民主意识并加强政治参与。'"[②]

在第二次世界大战后，联邦德国所开展的"去纳粹化"活动和"再教育"无疑是成功的，如此让德国人民在一种相对美国化（某种"去-文化化"）的情况下，渐渐淡去所谓"德意志精神"和"德意志文化"的负面影响。

---

① 傅安洲、阮一帆、彭涛：《德国政治教育研究》，人民出版社2010年版，前言第9—10页。

② 同上，前言第10页。

第十二章

近现代德国社会的非自由文化

前文探讨了关于近现代德国的相对实证和建制层面的问题，本章就要再回过头来探讨文化，或者说社会心理方面的问题。毫无疑问的是，政治制度与政治文化两者良性互动才能培育好的政治生活，这两者缺一不可。既然近现代德国政治制度层面的问题前文已经有所论述，那么近现代德国的政治文化是否存在问题呢？如果存在问题，那又存在怎样的问题呢？

政治建制，是指相关制度的设计和安排等有形的事物；政治文化，则是指相关于政治的无形的事物。政治建制和政治文化之间的辩证作用是一个老生常谈的问题。这里的问题正是卢梭在《社会契约论》中所论述的经典问题："有能力提供适当政治定向的建制形式需要以理性的和受过教育的公民群体的存在为前提条件。但悖谬的是，理性的和受过教育的公民只有在这样的建制的指导下才有可能被培养出来。"[①]这般先有鸡还是先有蛋的问题总是困扰着人们。当然,很多人倾向于不相信人民(即使他们也经常诉诸一些宏大的人民、民主之类的词汇),认为需要有高于人民的对象来作为人民的引导者(即牧羊人和羊的模式)。马克斯·韦伯却反其道而行之,认为只有议会中的斗争才能培养出一个政治成熟的民族,当然,这其实是他过高地估计了议会的作用。若综观英、法、美、德几国走向民主共和的进程,就会发现这绝非人为的设计或规划的蓝图(最多只是黑格尔历史哲学意义上的"理性的诡计"),而是一种连续性和断裂性的统一,历史的进程中当然不乏反复和流血,但这就是所谓的代价。斯特恩在这里有过一句非常精妙的评论:"在德国,一种非自由的政权曾经是在最好的状态下建立起来的——现在,它失败了。一个自由的政权却在1918年最糟糕的状态下建立起来——而它也失败了。"[②]或许很多事情从事后看来的确是如此清晰,但是在之前或当时看来却总会显得有些晦暗不明。

墨西哥的宪法和政治体制显然照搬了邻国美

---

① Duncan Kelly: *The State of the Political: Conceptions of Politics and the State in the Thought of Max Weber, Carl Schmitt and Franz Neumann*, Oxford University Press, 2013, p. 13.

② [德]弗里茨·斯特恩:《非自由主义的失败:论现代德国政治文化》,孟钟捷译,商务印书馆2015年版,第32页。

国，但这个国家的宪政生活当然不能和美国相比，这就是两国政治文化不同的缘故。在探究政治制度建设的时候，必须充分地认识到，政治制度作为一项人为的事物，自然不会是完美的。但在实际中，不完美的制度也是可以很好地运行（诸如至今仍未有一部成文宪法文件的英国），因为政治制度和政治文化两者共同作用才能形成政治生态，所以过多地关注建制层面，会造成片面而非全面地看待问题。

如果不能从那些艰深的巨著中截取部分片段以证明那些观点与野蛮行径有所联系，那么至少可以从政治宣传或者政治神话等角度入手。在英国学者伊冯·谢拉特最新的著作中，她试图表明纳粹与许多著名德国哲学家的关系，这是很多这类企图中比较新近的一个。[①] 不过如果脱离那些哲学家或者思想家的具体的文本和所处的时代而只是截取部分观点来证明其在若干年后的政治危害性，那未免有失公允。按照塞巴斯提安·哈夫纳的说法，意识形态可以使得“错综复杂的事物变得简单，艰难的变得容易”[②]。但是正如笔者在自己博士论文中所要揭示的那样，德意志文化与其被意识形态化、简化和粗俗化

---

① 参见［英］伊冯·谢拉特：《希特勒的哲学家》，刘曦、杨阳译，上海社会科学院出版社 2017 年版。

② ［德］塞巴斯提安·哈夫纳：《解读希特勒》，景德祥译，译林出版社 2016 年版，第 86 页。

的对象，虽然界限模糊，但的确德意志文化中也不尽然是负面的东西，还孕育着很多积极的内容。①

德国学者明克勒在《德国人和他们的神话》这本巨著中，讨论了作为特殊现象的近现代德国的政治神话问题。当然这里的特殊现象并非指政治神话唯独在近现代德国才有，而是指其发挥了在其他地方所不具有的重大意义。这也正如弗里茨·斯特恩所说的："在19世纪中叶到20世纪中叶之间，德意志的市民们与作家们是如何进行自我想象的，他们如何把自己的生活建构为针对一种高级文化的'理想主义'的抵御者？他们接受政治上的大量幼稚举动，还为独裁统治的顽固化而欢欣鼓舞，将之视作抵制变化莫测的议会制争论的良方。……在1914年前的日子里，德国人有意让自己进入这样一种政治文化中：它促生了伟大的文化成就和经济成就，同时也接受了一批非自由的观念和机制。"②

如上文曾论及的，"文明"与"文化"之争是贯穿于近现代德国的一个重要问题。作家托马斯·曼对这个问题的解释是：德意志特性的"文化"是和西方

---

① 参见李哲罕：《走出"非政治的文化"：对近现代德国政治思想的一种政治哲学考察》，社会科学文献出版社2016年版。

② ［德］弗里茨·斯特恩：《非自由主义的失败：论现代德国政治文化》，孟钟捷译，商务印书馆2015年版，第5页。

国家的“文明”相对立的，前者是感性的，更具有人性和自由的、非政治的文化；后者则是理性的、机械的和政治化的文明，在这两者之间存在不可调和的矛盾。不过在此所谓的“非政治的文化观”中的“非政治”只是针对西方国家基于政党议会制度的政治行为，而并非纯粹的“非政治”，因为他们不仅通过文化实现认同，而且还通过这种“文化”的维度为政治活动中“权力”的维度提供道德或伦理上的论证。弗里茨·斯特恩也曾经谈及：“在19世纪中叶到20世纪中叶之间，德意志的市民们(Bürger)与作家们是如何进行自我想象的，他们如何把自己的生活建构为针对一种高级文化的‘理想主义的’抵御者？他们接受政治上的大量幼稚举动，还为独裁统治的顽固化而欢欣鼓舞，将之视作抵制变幻莫测的议会制争论的良方。”[①]近现代德国政治文化从一种回溯式的视角看，可以被认为是“走出‘非政治的’文化”。这里“非政治的”中的“政治”是取用了对议会民主制、政党政治等对“政治”的狭义理解。近现代许多德国人所自我标榜的“‘非政治的’文化”，究其实质只是表明他们摒弃了自身所不能适应的英、法、美等国的议会民主制、政党政治等运作方式，而他们的“‘非政治的’

---

① [德]弗里茨·斯特恩：《非自由主义的失败：论现代德国政治文化》，孟钟捷译，商务印书馆2015年版，第5页。

文化”背后则是“权力政治”(Realpolitik)。“走出‘非政治的’文化”即近现代德国人放弃了自己原先的政治思想立场,复归到西方世界的启蒙大传统中,与之相应地,实际政治的进程也同样是一段反复曲折的历史。弗里茨·斯特恩对这些德国知识分子的“非政治”心态的评论则非常中肯:“我认为非政治的德国既是德国偏离西方及其持续的政治失败的原因,同时也是其结果。”①

对何谓“政治文化”这个问题,童世骏曾有过精到和充分的阐述:“一方面,这种政治文化应当同主流文化传统相分离,从而对尽可能多的亚文化传统一视同仁。另一方面,这种政治文化应当具有足够的整合力,把一个多文化的政治共同体凝聚在一起。这种意义上的政治文化当然也是一种‘同政治物相关的文化’,但更重要的是,它是一种‘以政治方式形成的文化’。它不仅区别于‘非政治的文化’,它也区别于‘前政治的文化’。简单地说,它是一种作为公民对政治活动之参与的结果而形成的文化。”②

斯特恩指出:“在观念、风格和自我理解中,存在

---

① Fritz Stern: “The Political Consequences of the Unpolitical German,” *History* 3(1960). 转引自 Ralf Dahrendorf: *Society and Democracy in Germany*, Gregg Revivals, 1992, p. 321。

② 童世骏:《批判与实践:论哈贝马斯的批判理论》,生活·读书·新知三联书店2007年版,第46页。

着某种特定的延续性。笔者开始认识到德国历史中的一种强大张力。这种张力可以被称作'非自由主义'。它也许曾出现在许多其他国家里,但在 1866—1933 年的德国政治发展中却达到了特别的高度。"①斯特恩认为:"德国社会非但没有降低非自由的冲动,反而加强了它,并将之塑造为一种习惯性的反应。……德国非自由主义的令人惊奇的特点在于它的蔓延性。政治体制也许在形式上促成过这种特点,阶级对抗也许加剧过这种特点,受到尊崇的军队也许体现过这个特点,大中院校也许教授过这种特点,但是它已经逐步发展了很长时期,而且业已成为一种文化风格的组成部分。"②不过斯特恩在后来还是对"德国问题"抱以积极的看法:"'波恩不是魏玛',那种非自由的、反西方的张力已经在德国消失了,德国社会与德国政治文化在 1945 年后业已经历了根本性的变化。正如其他许多国家所发生的那样,非自由的诱惑仍然存在,但是也存在着一种抵制这种诱惑的强大观念。非自由主义的失败是德国人的一次教训——对于我们所有人而言,它也是一次教训。"③

---

① [德]弗里茨·斯特恩:《非自由主义的失败:论现代德国政治文化》,孟钟捷译,商务印书馆 2015 年版,第 7 页。

② 同上,第 22 页。

③ [德]弗里茨·斯特恩:《非自由主义的失败:论现代德国政治文化》,孟钟捷译,商务印书馆 2015 年版,第 11 页。

这就谈到一个很关键的概念“宪政爱国主义”。既然近现代德国的政治教育不能再和之前一样，那又该如何呢？这里的问题涉及一个基本的认同问题。在后纳粹的和由于“两德分立”所导致的后民族格局的联邦德国，“政治正确”的知识分子的思考一直围绕着在这种情况下如何为联邦德国重新寻求“正当性”的基础——因为德国的战败、战争中所犯下的罪行以及“两德分立”所导致的主权不完整，这个基础已经不能再建立在原先存在的民族或文化等传统的范畴之上了。只有寻求与这种传统相断裂的以及与西方国家相一致的认同来构成联邦德国“正当性”的基础才是唯一可行的方案，所以正像尤尔根·哈贝马斯所说的：“不幸的是，对德国人的文化国家而言，对普遍主义的宪政原则的联结扎根于只有在奥斯威辛之后，或者说经历过奥斯威辛才能形成的信念。”①

战败的罪责和结果，对于德国人来说不仅是一种不幸，而且同时也是一次契机，按照美国学者扬-维尔纳·米勒的说法：“恰恰是德国，以有些辩证的方式经由大屠杀而得到政治净化的德国，最有可能作

① Jürgen Habermas: *The New Conservatism: Cultural Criticism and the Historians' Debate*, Edited and Translated by Shierry Weber Nicholsen, Introduction by Richard Wolin, Polity, 1989, p. 227.

为一个后民族的、多文化的‘国家-民族’而出现。”[①] 正是在这种情况下，德国人为了与自己之前的政治思想传统做出彻底的分离，“宪政爱国主义”（Verfassungspatriotismus，也译作“立宪爱国主义”或“宪法爱国主义”）应运而生。这个说法最早是由卡尔·雅斯贝尔斯的学生多尔夫·斯特恩贝格尔（Dolf Sternberger）提出来的。根据扬-维尔纳·米勒的考察：“早在 1959 年，斯特恩贝格尔就曾经想到过‘宪法国家中的爱国情操’；在 20 世纪 60 年代早期，他又发展了 Staatsfreundschaft（意思是同国家的友谊或者更准确地说是对国家的友谊）；1970 年，Verfassungspatriotismus一词首次亮相。”[②]

对于斯特恩贝格尔而言，卡尔·雅斯贝尔斯和汉娜·阿伦特的共和主义思想是他发展出“宪政爱国主义”的线索之一，即他试图在他们的指引下从自亚里士多德以来的欧洲政治思想（特别是共和主义传统）中挖掘出一条前民族主义的爱国主义传

---

① [美]扬-维尔纳·米勒：《另一个国度：德国知识分子、两德统一及民族认同》，马俊、谢青译，新星出版社 2008 年版，第 124 页。

② [美]扬-维尔纳·米勒：《宪政爱国主义》，邓晓菁译，商务印书馆 2012 年版，第 21 页。有学者指出，斯特恩贝格尔的《宪法爱国主义》一文应该是作为一种德国下萨克森州的政治教育中心的政治教育系列材料而出版的，参见童世骏：《批判与实践：论哈贝马斯的批判理论》，生活·读书·新知三联书店 2007 年版，第 207 页。

统——一种用共同体的公民认同来取代后来在民族国家时代所形成的民族认同的形式。斯特恩贝格尔认为，是几个世纪以来的民族主义运动——特别是在拿破仑战争之后到第二次世界大战这一个半世纪内的德国——扭曲了原本对于共同体的公民爱国主义传统，因此为克服民族主义的问题，就必须依靠"宪政爱国主义"，因为"宪政爱国主义被理解为一种朝向前民族爱国主义的回归"①。

但是除了古已有之的欧洲公民爱国主义传统，美国则是"宪政爱国主义"的另一个参照——在大洋彼岸的一个现实中的参照。鉴于美国作为以移民为主的民主制国家和第二次世界大战后世界上最为强大的国家，德国人不得不思考美国的经验，即如扬-维尔纳·米勒所指出的："美国的'信条'总是被宪政爱国主义的支持者们视为默认的参考。"②所以，"宪政爱国主义"并非简单的恢复亚里士多德式的公民爱国主义的复古之情，而是要将这种爱国主义落实到一套现代自由民主制度及相关的文化之中（这套制度及文化，正是德国人所一直缺失的，或者更为准确地说，这套制度及文化在德国是一直没有很好地生根发芽的），也正如扬-维尔纳·米勒所说："正如这一

---

① ［美］扬-维尔纳·米勒：《宪政爱国主义》，邓晓菁译，商务印书馆2012年版，第22页。

② 同上，第6页。

概念的始作俑者以及本文所理解的那样，旨在提出这样一种理念，即政治忠诚应当被纳入一套自由民主宪政的规范、价值以及——更间接而言——程序当中。”①

① ［美］扬-维尔纳·米勒：《宪政爱国主义》，邓晓菁译，商务印书馆2012年版，第1—2页。

第十三章

结　语

最后一章将对本书做一个简短的总结。本书讨论的主要对象是近现代德国的政治与社会状况，这不是典型意义上的政治哲学的做法，而是一种“格格不入”的研究，但同时也是一次非常有趣的尝试。

如上文所述的，选择近现代德国政治与社会状况作为研究对象，是出于以下两点考虑：第一，近现代德国在政治与社会方面的进展中表现出一种连续性和断裂性的演进，具有较为典型的意义，正如法学中的经典案例，或者医疗中的经典病例一样，在研究近现代德国政治与社会问题的时候，可以发现各种思潮在此期间风起云涌；第二，德国作为后发国家之榜样，深入考察德国问题，也为解决后发现代化国家遭遇的问题提供了思路。

近现代德国在一定程度上关联于许多特殊的政治思想史上的词汇，诸如“特殊道路”和“德国问题”。

这些问题的本质就是近现代德国在走向现代化国家的进程中，在民族国家的形成过程中，以及在国家政治建制与政治文化的建构中，采取了不同于其他国家的方式，在取得举世瞩目的成就的同时，也暴露出各种严重的问题。若要对之进行研究，则有许多需要厘清的事物。

正如历史学家汉斯-乌尔里希·韦勒所说的："在寻找德国孕育纳粹主义的特殊条件中，专家们把注意力放到了历史上非常有影响的一揽子因素上，它们组合在一起创造了灾难性的格局：德国的'特殊意识'在18世纪末就已经存在，1914年以来得到完善，它认为，重要的是与'西方不同'，而不是与之保持共性。这样，在德国不曾出现像所谓有着革命'传统'的英国、北美以及法国所经历的'资产阶级革命'。因此自由主义的削弱也无可挽回了。另一方面，贵族、军队以及官僚体制中传统的权力精英是如此强大，如此的自信，以至于他们能阻碍政治生活中的议会化与民主化。当社会经济的现代化向前推进的时候，权力倾斜的阻碍产生了非常危险的紧张关系，这样在'一战'的失败以及1929年以来世界经济危机的新条件下，通往独裁政府形式的道路仿佛成了能接受的解决危机的办法。”[①]或许本书的全部努力都是在重述这些方面。最后笔者想说的是，当一本小说或一部电影开始的时候，读者或观众并不能准确预测到小说或电影的结局，但是当他们看完之后总觉得自己可以找到很多线索或者做出各种评论，就像许多经济学家对于已经发生的经济现象总是可以分析得头头是道，但是对未来经济趋势的分析其实并不准确。对于历史上发生过的事情也是这样，在分析那些已经成为过去的事情时，人们总能找到各种证据试图把问题解释通透，但事实上这些解释或者分析都有“事后诸葛亮”之嫌，本书也概莫能外。

① ［德］汉斯-乌尔里希·韦勒：《21 世纪初的冲突》，周惠译，漓江出版社 2015 年版，第 82 页。

参考文献

参考文献部分仅列文中以脚注形式直接援引的文献，排列顺序为编著者姓氏字母。

中文文献

1. 阿克顿. 自由史论[M]. 胡传胜，陈刚，李滨，等译. 南京：译林出版社，2001.

2. 于尔根·奥斯特哈默. 世界的演变：19 世纪史[M]. 强朝晖，刘风，译. 北京：社会科学文献出版社，2016.

3. 奥托·冯·俾斯麦. 思考与回忆：俾斯麦回忆录[M]. 杨德友，同鸿印，等，译. 北京：生活·读书·新知三联书店，2006.

4. 巴里·波森. 军事学说的来源：两次世界大战之间的法国、英国和德国[M]. 梅然，译. 上海：上海人民出版社，2013.

5. 曹卫东. 危机时刻:德国保守主义革命[C]. 上海:上海人民出版社,2014.

6. 陈洪捷. 德国古典大学观及其对中国的影响(第三版)[M]. 北京:北京大学出版社,2015.

7. 克劳斯·费舍尔. 德国反犹史[M]. 钱坤,译. 南京:江苏人民出版社,2007.

8. 傅安洲,阮一帆,彭涛. 德国政治教育研究[M]. 北京:人民出版社,2010.

9. 彼得·盖伊. 魏玛文化:一则短暂而璀璨的文化传奇[M]. 刘森尧,译. 合肥:安徽教育出版社,2005.

10. 赫尔曼·格拉瑟. 德意志文化(1945—2000年)[M]. 周睿睿,译. 北京:社会科学文献出版社,2016.

11. 葛兆光. 历史中国的内与外:有关"中国"与"周边"概念的再澄清[M]. 香港:香港中文大学出版社,2017.

12. 郭少棠. 权力与自由:德国现代化新论[M]. 上海:华东师范大学出版社,2001.

13. 尤尔根·哈贝马斯. 包容他者[M]. 曹卫东,译. 上海:上海人民出版社,2002.

14. 塞巴斯提安·哈夫纳. 不含传说的普鲁士[M]. 周全,译. 北京:北京大学出版社,2016.

15. 塞巴斯蒂安·哈夫纳. 从俾斯麦到希特勒

[M]. 周全,译. 南京:译林出版社,2016.

16. 黑格尔. 法哲学原理:或自然法和国家学纲要[M]. 张启泰,范扬,译. 北京:商务印书馆,1961.

17. L. T. 霍布豪斯. 形而上学的国家论[M]. 汪淑钧,译. 北京:商务印书馆,2011.

18. 安托万·基扬. 近代德国及其历史学家[M]. 黄艳红,译. 北京:北京大学出版社,2010.

19. 恩斯特·卡西尔. 国家的神话[M]. 范进,译. 北京:华夏出版社,2003.

20. 贝内德托·克罗齐. 十九世纪欧洲史[M]. 田时纲,译. 北京:商务印书馆,2013.

21. 托尔斯腾·克尔讷. 纳粹德国的兴亡[M]. 李工真,译. 北京:人民出版社,2010.

22. 圭多·德·拉吉罗. 欧洲自由主义史[M]. 杨军,译. 长春:吉林人民出版社,2011.

23. 查尔斯·拉莫尔. 现代性的教训[M]. 刘擎,应奇,译. 北京:东方出版社,2010.

24. 詹姆斯·雷塔拉克. 威廉二世时代的德国[M]. 王莹,方长明,译. 北京:北京大学出版社,2013.

25. 李伯杰. 德国文化研究[M]. 北京:北京师范大学出版社,2015.

26. 李工真. 德意志道路:现代化进程研究[M]. 武汉:武汉大学出版社,2005.

27. 李工真. 德意志现代化进程与德意志知识界

[M]. 北京:商务印书馆,2010.

28. 李工真. 文化的流亡:纳粹时代欧洲知识难民研究[M]. 北京:人民出版社,2010.

29. 李工真. 德国现代史专题十三讲:从魏玛共和国到第三帝国[M]. 长沙:湖南教育出版社,2010.

30. 李娟. 普鲁士学派研究:以德罗伊森、西贝尔、特赖奇克为中心[D]. 上海:复旦大学,2012.

31. 李哲罕. 走出“非政治的文化”:对近现代德国政治思想的一种政治哲学考察[M]. 北京:社会科学文献出版社,2016.

32. 捷尔吉·卢卡奇. 卢卡奇文选[M]. 李鹏程,编译. 北京:人民出版社,2008.

33. 维纳·洛赫. 德国史[M]. 北京大学历史系世界近代现代史教研室,译. 北京:生活·读书·新知三联书店,1959.

34. 卡尔·洛维特. 纳粹上台前后我的生活回忆[M]. 区立远,译. 上海:学林出版社,2008.

35. 卡尔·马克思,弗里德里希·恩格斯. 马克思恩格斯全集(第三卷)[M]. 中共中央马克思恩格斯列宁斯大林著作编译局,译. 北京:人民出版社,1960.

36. 孟钟捷,霍仁龙. 地图上的德国史(第二版)[M]. 上海:东方出版中心,2016.

37. 戴维·米勒. 论民族性[M]. 刘曙辉,译. 南京:译林出版社,2010.

38. 扬-维尔纳・米勒. 另一个国度:德国知识分子、两德统一及民族认同[M]. 马俊,谢青,译. 北京:新星出版社,2008.

39. 扬-维尔纳・米勒. 宪政爱国主义[M]. 邓晓菁,译. 北京:商务印书馆,2012.

40. 罗杰・普赖斯. 1848 年欧洲革命[M]. 郭侃俊,译. 北京:北京大学出版社,2014.

41. 奥利弗・齐默. 欧洲民族主义,1890—1940[M]. 杨光,译. 北京:北京大学出版社,2013.

42. 钱端升. 德国的政府[M]. 北京:北京大学出版社,2009.

43. 乔治・萨拜因. 政治学说史(第四版・下卷)[M]. 托马斯・索尔森,修订,邓正来,译. 上海:上海人民出版社,2010.

44. 维尔纳・桑巴特. 德意志社会主义[M]. 杨树人,译. 上海:华东师范大学出版社,2007.

45. 弗里茨・斯特恩. 爱因斯坦恩怨史:德国科学的兴衰[M]. 方在庆,文亚,等译. 上海:上海科技教育出版社,2013.

46. 弗里茨・斯特恩. 非自由主义的失败:论现代德国政治文化[M]. 孟钟捷,译. 北京:商务印书馆,2015.

47. 卡尔・施米特. 政治的概念[M]. 刘宗坤,等译.上海:上海人民出版社,2004.

48.卡尔·施米特.政治的神学[M].刘小枫,编.刘宗坤,吴增定,等译.上海:上海人民出版社,2015.

49.米歇尔·施托莱斯.德意志公法史(卷三)[M].王韵茹,译.台北:元照出版有限公司,2012.

50.童世骏.批判与实践:论哈贝马斯的批判理论[M].北京:生活·读书·新知三联书店,2007.

51.马克斯·韦伯.学术与政治:韦伯的两篇演说[M].冯克利,译.北京:生活·读书·新知三联书店,1998.

52.阿尔布莱希特·韦尔默.后形而上学现代性[M].应奇,罗亚玲,编译.上海:上海译文出版社,2007.

53.汉斯-乌尔里希·维勒.民族主义:历史、形式、后果[M].赵宏,译.北京:中国法制出版社,2013.

54.汉斯-乌尔里希·韦勒.21世纪初的冲突[M].周惠,译.桂林:漓江出版社,2015.

55.彼得·沃森.德国天才1:德意志的命运大转折　第三次文艺复兴[M].张弢,孟钟捷,译.北京:商务印书馆,2016.

56.彼得·沃森.德国天才3:现代性的痛苦与奇迹[M].王琼颖,孟钟捷,译.北京:商务印书馆,2016.

57.彼得·沃森.德国天才4:断裂与承续[M].王莹,范丁梁,张弢,译.北京:商务印书馆,2016.

58.吴征宇.《克劳备忘录》与英德对抗[M].桂

林:广西师范大学出版社,2014.

59.伊冯·谢拉特.希特勒的哲学家[M].刘曦,杨阳,译.上海:上海社会科学院出版社,2017.

60.徐健.近代普鲁士官僚制度研究[M].北京:北京大学出版社,2005.

61.徐弃郁.脆弱的崛起:大战略与德意志帝国的命运[M].北京:新华出版社,2011.

62.薛华.黑格尔、哈贝马斯与自由意识[M].北京:中国法制出版社,2008.

63.格奥尔格·G.伊格尔斯.德国的历史观:从赫尔德到当代历史思想的民族传统[M].彭刚,顾杭,译.南京:译林出版时,2006.

64.英国皇家国际事务研究所.德意志问题[M].林国荣,译.北京:北京大学出版社,2015.

65.周丽华.德国大学与国家的关系[M].北京:北京师范大学出版社,2008.

66.张千帆.法国与德国宪政[M].北京:法律出版社,2011.

67.克里斯·桑希尔.德国政治哲学:法的形而上学[M].陈江进,译.北京:人民出版社,2009.

外文文献

1. BABE K J. Population, labour and migration in 19th-and 20th-century Germany[M]. Oxford:

Berg Publishers, 1987.

2. DAHRENDORF R. Society and democracy in Germany[M]. Aldershot: Gregg Revivals, 1992.

3. HABERMAS J. The new conservatism: cultural criticism and the historians' debate[M]. NICHOLSEN S W, trans/eds. Cambridge: Polity, 1989.

4. HABERMAS J. Philosophical-political profiles[M]. LAWRENCE F G, trans. Cambridge: Polity, 2012.

5. JARAUSCH K H. Students, society, and politics in imperial Germany: the rise of academic illiberalism[M]. Princeton: Princeton University Press, 1982.

6. JONES L E, RETALLACK J. Between reform, reaction, and resistance: studies in the history of German conservatism from 1789 to 1945 [C]. Oxford: Berg Publishers, 1997.

7. KELLY D. The state of the political: conceptions of politics and the state in the thought of Max Weber, Carl Schmitt and Franz Neumann[M]. Oxford and New York: Oxford University Press, 2013.

8. KLEMPERER K. Germany's new conservatism: it's history and dilemma in the twentieth Century[M]. Princeton: Princeton University Press, 1957.

9. KRIEGER L. The German idea of freedom: history of a political tradition[M]. Chicago: The University of Chicago Press, 1957.

10. KRUEDENER J B. Economic crisis and political collapse: the weimar republic 1924—1933 [M]. Oxford: Berg Publishers, 1990.

11. LABOVICS H. Social conservatism and the middle classes in Germany: 1914—1933 [M]. Princeton: Princeton University Press, 1969.

12. LANGEWIESCHE D. Liberalism in Germany [M]. BANERJI C, trans. Princeton: Princeton University Press, 2000.

13. LOEWENSTEIN K. Hitler's Germany: the Nazi background to war [M]. New York: The Macmillan Company, 1939.

14. LUHMANN N. Die politik der gesellschaft [M]. Frankfurt am Main: Suhrkamp, 2000.

15. KOLINSKY E, WILL W. The Cambridge companion to modern German culture[C]. Cambridge and New York: Cambridge University Press, 1998.

16. MCELLIGOTT A. Short Oxford history of Germany: Weimar Germany[M]. Oxford and New York: Oxford University Press, 2009.

17. MOMMSEN W J, KETTENACKER L.

The fascist challenge and the policy of appeasement [C]. Crows Nest: George Allen & Unwin, 1983.

18. MOMMSEN W J. Imperial Germany 1867—1918: politics, culture and society in an authoritarian State [M]. DEVWSON R, trans. London: Edward Arnold Publishers, 1997.

19. ORAM G. Conflict and legality: policing mid-twentieth century Europe[M]. London: Francis Boutle Publishers, 2003.

20. PLESSNER H. Die verspätete: nation über die verführbarkeit bürgerlichen geistes[M]. Mainz: W Kohlhammer, 1959.

21. PEUKERT D J K. The Weimar Republic: the crisis of classical modernity[M]. DEVESON R, trans. London: Penguin Press, 1991.

22. POIS R A. Friedrich Meinecke and German politics in the twentieth century [M]. Oakland: University of California Press, 1972.

23. REMY S P. The Heidelberg myth: the nazification and denazification of a German university [M]. Cambridge. Harvard University Press, 2003.

24. STERN F. The politics of cultural despair: a study in the rise of the Germanic ideology[M]. Oakland: University of California Press, 1961.

25. STERN F. The failure of illiberalism: essays on the political culture of modern Germany [M]. New York: Columbia University Press,1992.

26. STRUVE W. Elites against democracy: leadership ideals in bourgeois political thought in Germany, 1890—1933 [M]. Princeton: Princeton University Press, 1973.

27. THORNHILL C. German political philosophy: the metaphysics of law[M]. Oxford: Routledge, 2007.

28. THORNHILL C. A sociology of constitutions: constitutions and state legitimacy in historical-sociological perspective[M]. Cambridge and New York: Cambridge University Press.

后记与致谢

本书是基于本人2016年秋季学期在北京大学哲学系开设的研究生课程“哲学社会学”讲义修改而来，主要内容如副标题所标识的，是“关于近现代德国政治与社会问题的一项研究”。当然它不够“哲学”，也不够“社会学”，至于“哲学社会学”是什么以及与本书的关系，就更加扑朔迷离了。本书的主要观点来自我那本已经作为专著出版的博士论文《走出“非政治的”文化：对近现代德国政治思想的一种政治哲学考察》，所以更为准确地说，这是结合一些之前的文献材料和新近出版的文献材料对同一个主题从不同角度进行的再探讨。此书虽名为“讲义”，篇幅也不长，但相较于市面上的很多专著，研究色彩并不会少太多。与原先的课程讲义相比，个别章节调换了顺序，对部分论述的详略进行了调整。当然，在此需要加以说明的是，每一个国家都有其特殊性，因此本书的研究只是就德国而言德国，任何不适当的比照都绝非我的本意。

能在建系百年有余的中国第一哲学系——北京大学哲学系授课，实为本人的荣幸。在此要感谢合作导师韩水法教授对我的提携。在这里我要感谢为数不多的选课和旁听的同学对我的信任，或者对这个主题的好奇，或者两者兼而有之，你们的讨论厘清、深化或修正了我的不少既有认识。我还想在此感谢我的另外两位老师：第一位是我硕士、博士期间的导师应奇教授，这本书中的许多内容还是我之前在其影响下完形成的；第二位是我在格拉斯哥大学期间的导师克里斯·桑希尔(Chris Thornhill)教授。我也要感谢柏林自由大学哲学系的史蒂凡·格泽帕特(Stefan Gosepath)教授邀请我在德国从事一年访问学者的研究工作，让我在柏林有足够的空闲时间一边喝着半发酵葡萄酒“羽毛白”(Federweisser)，一边完成这本书稿的修改工作。

我也要感谢之前工作单位浙江省社会科学院的领导和同事对我工作的支持。本书为浙江省社会科学院一般课题“近现代德国社会政治研究”(项目号2017CYB13)结项成果。我还要感谢浙江工商大学出版社沈娴编辑的辛勤工作，古人所说的“人惟求旧，器惟拉新”这句话还是非常有道理的。

最后，但是最为重要的是，我要感谢家人对我一如既往的支持。

李哲罕

2018年初秋

写于柏林利希滕贝格

2020年初秋

改于禾丰港畔

作者简介

李哲罕，浙江余杭人，哲学博士，浙江大学哲学系“百人计划”研究员，博士生导师，浙江省宣传文化系统“五个一批”人才（理论类），曾为浙江省社会科学院哲学研究所副研究员，主要研究领域为德国政治哲学。

照片为2018年冬天本书作者在爱森纳赫的瓦滕堡。马丁·路德曾在此被关9个月，完成了德语版《圣经》的翻译。